Franke   So lernt man Autogenes Training

D1574461

Meiner lieben Frau Elisabeth Franke in Dankbarkeit

Dr. med. Klaus Franke

So lernt man
Autogenes Training

≡ TRIAS THIEME HIPPOKRATES ENKE

Anschrift des Autors:
Dr. med. Klaus Franke
Arzt für Innere Krankheiten – Badearzt
D-7264 Bad Teinach

Umschlaggestaltung:
B. und H. P. Willberg, Eppstein/Ts.
Umschlagzeichnung:
Friedrich Hartmann, Stuttgart

CIP-Titelaufnahme
der Deutschen Bibliothek

Franke, Klaus:
So lernt man autogenes Training / Klaus
Franke. – 5., durchges. u. erw. Aufl. –
Stuttgart: TRIAS – Thieme
Hippokrates Enke, 1987
   Bis 4. Aufl. im Hippokrates-Verl.,
   Stuttgart. – 5. Aufl. auch im
   Hippokrates-Verl., Stuttgart

(Die vorausgegangenen und ein Teil
dieser Auflage erschienen unter dem
gleichen Titel mit der ISBN
3-7773-0858-7 im Hippokrates Verlag
innerhalb der Reihe ›Hippokrates-
Ratgeber‹)

Wichtiger Hinweis: Medizin als Wissenschaft ist ständig im Fluß. Forschung und klinische Erfahrung erweitern unsere Kenntnisse, insbesondere was Behandlung und medikamentöse Therapie anbelangt. Soweit in diesem Werk eine Dosierung oder eine Applikation erwähnt wird, darf der Leser zwar darauf vertrauen, daß Autoren, Herausgeber und Verlag größte Mühe darauf verwandt haben, daß diese Angabe genau dem **Wissensstand bei Fertigstellung des Werkes** entspricht. Dennoch ist jeder Benutzer aufgefordert, die Beipackzettel der verwendeten Präparate zu prüfen, um in eigener Verantwortung festzustellen, ob die dort gegebene Empfehlung für Dosierungen oder die Beachtung von Kontraindikationen gegenüber der Angabe in diesem Buch abweicht. Das gilt besonders bei selten verwendeten oder neu auf den Markt gebrachten Präparaten und bei denjenigen, die vom Bundesgesundheitsamt (BGA) in ihrer Anwendbarkeit eingeschränkt worden sind. Benutzer außerhalb der Bundesrepublik Deutschland müssen sich nach den Vorschriften der für sie zuständigen Behörde richten.

© 1974, 1987 Hippokrates Verlag
GmbH,
Rüdigerstraße 14,
D-7000 Stuttgart 30.
Printed in Germany
Satz: Fotosatz Sauter, Süßen
Druck: Buch- und Offsetdruckerei
Schäuble, Stuttgart

ISBN 3-89373-027-3   1 2 3 4 5 6

Inhalt

Meditation auf der Grundlage des Autogenen Trainings

Vorwort zur 5. Auflage

In einer Zeit, da Medikamenten zunehmendes Mißtrauen entgegengebracht wird, besinnt sich der Mensch auf die ihm selbst innewohnenden Fähigkeiten, sich vor den Folgen seelischer Anspannungen und Überlastungen zu schützen.

Das Autogene Training zeichnet sich unter den Entspannungsübungen durch Nüchternheit und wissenschaftliche Grundlegung aus. Es ist körperlich in keiner Weise belastend, relativ leicht zu erlernen und macht den Übenden bald frei von jeglicher Fremdhilfe. Seit mehr als 50 Jahren wird es von Ärzten empfohlen und die Nachfrage hält unvermindert an.

In den letzten Jahren ist hierzulande auch das Interesse an der Meditation neu erwacht. Autogenes Training stellt eine hervorragende Einleitung für weiterführende Meditationsübungen dar. Der 5. Auflage wurde deshalb ein Abschnitt über die Meditation auf der Grundlage des Autogenen Trainings hinzugefügt.

Möge sich das überarbeitete und erweiterte Lehrbuch wie bisher auch weiterhin zum Lernen des Autogenen Tainings oder zur Auffrischung früher erworbener Kenntnisse bewähren.

Bad Teinach, März 1987   *Klaus Franke*

Einleitung

Es ist immer wieder faszinierend zu erleben, wie in einem Raum, in dem sich viele Menschen befinden, absolute Ruhe herrscht. Nicht nur wie in der Kirche oder im Theater, wenn es spannend wird und man angeblich eine Stecknadel zu Boden fallen hören könnte – die man dann doch nicht hört, weil immer noch jemand hustet, sich räuspert oder auf seinem Sitz hin- und herrückt – nein, tatsächlich so still, daß man die Nadel fallen hört; ich habe es ausprobiert. So ruhig und in sich vertieft sind Menschen, wenn sie gemeinsam autogen trainieren.

Das Autogene Training ist eine Methode der konzentrativen Selbstentspannung, die vor mehr als fünfzig Jahren von Professor *J. H. Schultz* in die Heilkunde eingeführt wurde. Sie hat sich in der Welt durchgesetzt und wird heute an vielen Hochschulen und Universitäten gelehrt. Es ist die bewährteste Methode der sogenannten kleinen Psychotherapie (Seelenheilkunde); man bezeichnet sie auch als eine »stützende Psychotherapie«.

Der Verfasser hat das Autogene Training bei *J. H. Schultz* selbst im Jahre 1950 erlernt und seitdem mehrere tausend Menschen in dieser Methode unterwiesen. Dies geschah sowohl im Einzelunterricht als auch in kleineren oder größeren Gruppen bis zu über 100 Teilnehmern. Aus dieser jahrzehntelangen Erfahrung mit dem Autogenen Training ist dieses Büchlein entstanden.

Was leistet das Autogene Training?

Es führt zu tiefer Ruhe und Entspannung, zu der der Übende aus sich selbst heraus (autogen) kommt. Die davon ausgehende wohltuende Wirkung, die zunächst während der Übungen selbst und unmittelbar danach empfunden wird, bleibt später auch darüber hinaus bestehen. Wer regelmäßig autogen trainiert, wird ruhiger und gelassener, ärgert sich nicht mehr so leicht, verliert seine Nervosität und verbessert seine Kondition. Schließlich kann er über die »Innenschau in der Versenkung« *(Schultz)* einen Weg zur Selbsterkenntnis und Selbstverwirklichung und zu größerer Lebensharmonie finden.

Der Gesunde vermag durch das Autogene Training seine körperliche und geistige Leistungsfähigkeit zu verbessern. Viele Spitzensportler und Olympiakämpfer haben die Übungen in ihr Trainingsprogramm aufgenommen. Welche ganz unglaublichen Leistungen durch Autogenes

Training ermöglicht werden können, hat der damals 34jährige Arzt Dr. *Lindemann* bewiesen. Im Jahre 1956 überquerte er im Serienfaltboot den Atlantik. 72 Tage und Nächte war er auf dem Ozean ganz auf sich allein gestellt. Daß er diese übermenschliche Leistung erfolgreich bestanden hat, während alle anderen, die es im Laufe der Jahre auch versucht haben, ihr Leben dabei lassen mußten, führt Dr. *Lindemann* darauf zurück, daß er sich auf dieses Unternehmen durch das Autogene Training vorbereitet und auch während der Überquerung immer wieder die Möglichkeiten der autogenen Tiefenentspannung genützt hat.

Ebenso wie die körperliche wird auch die geistige Leistungsfähigkeit beim Autogenen Training gesteigert, die Konzentrationsfähigkeit und das Gedächtnis bessern sich. Gleichzeitig vermindert sich die Angst vor Prüfungen, und jede Art von Lampenfieber geht zurück. Das Gelernte ist verfügbar und kann überlegt und sinnvoll angewandt werden.

Darüber hinaus hat sich das Autogene Training bei allen Gesundheitsstörungen bewährt, die vorwiegend funktionell und vegetativ bedingt sind oder die, wie es oft heißt, »von den Nerven kommen«. Dazu zählen die vielen Erscheinungen, die als Nervosität, Einschlaf- und Durchschlafstörungen und als funktionelle Beschwerden im Herz-Kreislauf-System oder im Magen-Darm-Bereich bekannt sind. Auch ein Großteil der sogenannten Neurosen gehört hierher. Im einzelnen können diese Störungen als Magenbeschwerden in Erscheinung treten, die bis zum Magen- oder Zwölffingerdarm-Geschwür führen, als nervöse Durchfälle, als krampfhafte Verstopfung oder als nervöse Reizblase. Im Herz-Kreislauf-Bereich machen sie sich als Herzschmerzen bemerkbar, als Herzunruhe und Rhythmusstörungen oder auch als krankhafte Veränderungen des Blutdruckes. Die typischen Frauenbeschwerden im Zusammenhang mit der Monatsregel oder mit den Wechseljahren sind ebenfalls häufig funktionell bedingt und können dann mit dem Autogenen Training gebessert oder behoben werden. Gleiches gilt auch für so unangenehme Erscheinungen wie Schreibkrampf, Stottern, Schiefhals oder nächtliches Zähneknirschen. Die meisten Kopfschmerzen reagieren gut auf Autogenes Training, und auch die echte Migräne kann gebessert und mitunter ganz behoben werden.

Bei vorwiegend körperlich bedingten Leiden vermag das Autogene Training natürlich nicht die organischen Veränderungen zu beseitigen. Da aber jede Krankheit auch mit subjektiven Begleiterscheinungen einhergeht, seien es nun Angst, Furcht und Sorge, seien es Schmerzen und allgemeines Unbehagen, kann auch dabei das Autogene Training eine wohltuende Wirkung ausüben.

Weitergehende und spezielle Möglichkeiten des Autogenen Trainings werden auf den späteren Seiten beschrieben.

Schließlich sei als individuelle Antwort auf die Frage, was das Autogene Training leiste, ein Zitat aus dem Brief einer früheren Kursteilnehmerin, den ich im Oktober 1982 erhielt, angeführt:

»Mit Hilfe des Autogenen Trainings wurde mir das unwahrscheinlich beglückende, gleichzeitig aber auch befreiende Gefühl geschenkt, Krankheiten und Schmerzen ebenso wie äußeren Einflüssen nicht mehr hilflos ausgeliefert zu sein. In konfliktreichen oder Streß-Situationen gerate ich nicht mehr in Angstzustände. Ich bin imstande, den Verhältnissen entsprechend zu reagieren . . .«

Wer kann Autogenes Training erlernen?

Die Übungen des Autogenen Trainings vermag fast jeder zu erlernen. Eine Altersbegrenzung gibt es kaum. Kinder, die noch nicht in der Lage sind, sich in eine Erwachsenengruppe einzufügen, müssen es allein oder in Spezialgruppen vermittelt bekommen. Bei sehr alten Menschen ist mitunter die geistige und körperliche Reaktionsfähigkeit erheblich eingeschränkt, so daß ein erfolgreiches Üben manchmal nicht mehr möglich ist. Andererseits haben aber auch schon über Achtzigjährige an meinen Kursen mit Erfolg teilgenommen.

Nicht geeignet für das Autogene Training sind Menschen, die an einer deutlichen geistigen Behinderung oder an einer seelischen Krankheit (Psychose) leiden. Dazu gehören der Schwachsinn (Debilität und Imbezillität), die Schizophrenie und die Zyklothymie (manisch-depressive Krankheit). Auch ausgeprägte Zwangs- und Angsterscheinungen, die zu den schweren Neurosen zählen, sind Gegenanzeigen für das Autogene Training. Anfälle der verschiedensten Art, seien sie durch eine Fallsucht (Epilepsie) bedingt, durch Angina pectoris, durch Asthma oder durch häufigen Kreislaufkollaps, können durch Autogenes Training günstig beeinflußt werden. Patienten, die an diesen Erscheinungen leiden, sollten aber weniger an großen, allgemeinen Kursen teilnehmen, wie sie heute vielfach von Volkshochschulen oder ähnlichen Einrichtungen veranstaltet werden, sondern besser an kleinen Spezialkursen, die besonders für solche Kranke durchgeführt werden.

Jeder, der an einem autogenen Trainingskurs teilnehmen will, sollte seinen Arzt fragen, ob die Übungen für ihn geeignet und zu empfehlen sind. Dies trifft erfahrungsgemäß für mehr als 95 Prozent derer zu, die sich für das Autogene Training interessieren, so daß nur ganz selten einmal von der Teilnahme an den Übungen abgeraten werden muß.

Wodurch wirkt das Autogene Training?

Beim Autogenen Training erfolgt eine Umschaltung von Anspannung auf Entspannung. Sie ist vergleichbar der Umstellung, die wir zwischen Wachsein und Schlafen erleben. Der Übergang vom Wachen in den Schlaf geschieht mehr oder minder unwillkürlich; mitunter schlafen wir ganz gegen unseren Willen ein. Beim Autogenen Training erfolgt dieses Umschalten stets durch bewußte Konzentration, und es kann zu einer wirksameren Entspannung und Erholung kommen als im Schlaf, ohne daß wir dabei einschliefen; das Bewußtsein wird nur eingeengt und die Resonanz der Affekte gedämpft. Wie geschieht das?

Der Mensch ist eine untrennbare Einheit von Körper, Geist und Seele. Jedes seelische Erlebnis wirkt auch auf den Körper, und jedes körperliche Geschehen hat seine Rückwirkung auf die Seele.

Täglich erleben wir es, wie Gedanken, Erwartungen und Begegnungen uns ganz und gar – und nicht nur seelisch – erfassen. Die Furcht etwa, als ein zunächst geistig-seelisches Erlebnis, bemächtigt sich auch des Körpers und läßt ihn zittern, erschaudern oder in Schweiß ausbrechen. Die zunächst seelisch wahrgenommene Angst führt zu Herzklopfen, Erblassen und manchmal zu vermehrter Darmtätigkeit. Die körperlichen Reaktionen, wie Zittern und Herzklopfen, können dann ihrerseits wiederum bewirken, daß Angst und Unruhe auch über den ursprünglichen Anlaß hinaus bestehen bleiben.

Umgekehrt werden beim Autogenen Training nun Ruhe und Entspannung so konzentriert vorgestellt, daß auch der Körper entsprechend reagiert. Gezielt eingeleitet wird der Umschaltungsvorgang dadurch, daß bestimmte Körpererlebnisse, wie Schwere und Wärme, ruhiger Herzschlag und harmonische Atmung, die die körperliche Entsprechung für das seelische Erlebnis von Ruhe und Entspannung sind, durch konzentrative Einstellung herbeigeführt werden. Diese Körperempfindungen wirken dann im Rückkoppelungseffekt wieder vertiefend auf die seelische Einstellung, und so kommt es zu einer immer tieferen Gesamtentspannung.

Das Autogene Training ist also nicht eine Methode der einfachen Überredung (Persuasion), wie sie von dem französischen Apotheker *Coué* her bekannt ist, sondern vielmehr das Wechselspiel zwischen geistig-seelischer Konzentration und körperlicher Reaktion, dessen Wirkungen auch mit den Methoden der Naturwissenschaft eindeutig nachweisbar sind.

Im Entspannungszustand steigt die Temperatur in den Extremitäten an, während sie im Körperinneren leicht absinkt (im Darm gemessen), das EEG zeigt eine Hirnstromkurve, wie sie auch unmittelbar vor dem Einschlafen auftritt, im EKG lassen sich mitunter positive Veränderungen nachweisen; die Atmung wird langsamer und flacher, Grundumsatz, Blutzuckerspiegel und Blutdruck sinken leicht ab. Man spricht von einer

»Senkung des Vigilanzniveaus« und einem Übergang von der ergotropen in die trophotrope Phase. Im Hinblick auf die Veränderungen des vegetativen Nervensystems spricht *J. H. Schultz* von einer »organismischen Gesamtumschaltung«; der Übende empfindet sie als Beruhigung und Entspannung.

Das praktische Vorgehen

Wenn man einem Menschen, der sehr erregt und verspannt ist, sagt, er möchte sich doch nicht so aufregen, sondern sich einmal völlig entspannen, so hilft das erfahrungsgemäß wenig. Oft werden dadurch Unruhe und Ärger nur noch gesteigert. Gutes Zureden allein genügt nicht.

Bekannt ist auch die Erfahrung, daß man sich todmüde ins Bett legt und dann wieder hellwach ist und keinen Schlaf finden kann. Die nachwirkenden Ereignisse des Tages lassen einen nicht zur Ruhe kommen.

Die Fähigkeit, sich zu entspannen, muß ganz systematisch erlernt werden, wieder erlernt werden; denn als kleine Kinder besaßen wir sie alle einmal. Es ist der immerwährende Streß unseres hochzivilisierten Lebens mit seinen vielfältigen Anforderungen, durch den wir unfähig geworden sind, uns als Erwachsene noch völlig zu entspannen. Im Autogenen Training lernen wir es wieder.

1. Die Übungshaltungen

Die Übungen können im Liegen, im Sitzen auf einem bequemen Lehnstuhl oder in der sogenannten Droschkenkutscherhaltung durchgeführt werden.

Im Liegen kann man sich erfahrungsgemäß am besten ausruhen und entspannen. So bietet sich diese Haltung auch zuerst für die Entspannungsübungen des Autogenen Trainings an, und viele Menschen üben am liebsten im Liegen. Dabei dürfen die Beine nicht übereinander, sondern müssen nebeneinander gelegt werden, und die Füße sollen nicht senkrecht nach oben stehen, sondern bequem zur Seite fallen. Eine Rolle unter den Knien kann angenehm sein. Die Arme liegen leicht angewinkelt (also weder gestreckt noch stark gebeugt) zu beiden Seiten des Körpers. Der Kopf wird so hingelegt, wie man es als angenehm empfindet, und Augen und Mund werden locker geschlossen.

Abb. 1: Im Liegen

Häufig wird es sich aber ergeben, daß man sich autogen entspannen möchte und keine bequeme Liegegelegenheit zur Verfügung steht; denn bequem muß sie sein. Auf einem harten Stein- oder Holzfußboden findet man keine wohltuende Entspannung. Es ist deshalb gut, daß es auch im Sitzen möglich ist, die autogenen Entspannungsübungen durchzuführen. Dazu eignet sich ein gepolsterter Lehnstuhl, wie man ihn früher als Backensessel oder Großvaterstuhl bezeichnete und wie er heute als Fernsehsessel in den meisten Wohnungen anzutreffen ist. Man macht es sich in einem solchen Sessel bequem, lehnt den Kopf hinten an das Polster an und legt die Unterarme auf die Armlehnen. Im übrigen ist das gleiche zu beachten wie bei der Droschkenkutscherhaltung, die im folgenden besprochen wird.

Zu der Zeit, als *J. H. Schultz* die Übungen für das Autogene Training in die Heilkunde einführte, gab es noch viele Droschkenkutscher. Diese mußten oft stundenlang auf ihrem schmalen Kutschbock warten, bis sich der nächste Kunde einfand. Da sie keine Möglichkeiten hatten, sich rückwärts oder seitlich abzustützen, fanden sie ganz von selbst eine Haltung, in der sie bequem entspannt dasitzen konnten, ohne daß es sie Kräfte kostete. *J. H. Schultz* entdeckte, daß dies die beste Ausgangsstellung für die autogenen Trainingsübungen war, sofern bequemere Sitz- oder Liegemöglichkeiten nicht zur Verfügung standen. Wenn heute bei Übungskursen diese Droschkenkutscherhaltung meist bevorzugt wird, dann ist das nicht nur ein notwendiges Übel – da es in den Übungsräumen im allgemeinen weder Fernsehsessel noch Liegegelegenheiten gibt –, sondern man macht damit aus der Not eine Tugend. Wer es einmal gelernt hat, sich in der Droschkenkutscherhaltung zu entspannen, kann praktisch überall und bei jeder Gelegenheit das Autogene Training durchführen. Wer sich dagegen nur im bequemen Sessel oder im Liegen zu entspannen vermag, wird oftmals

14

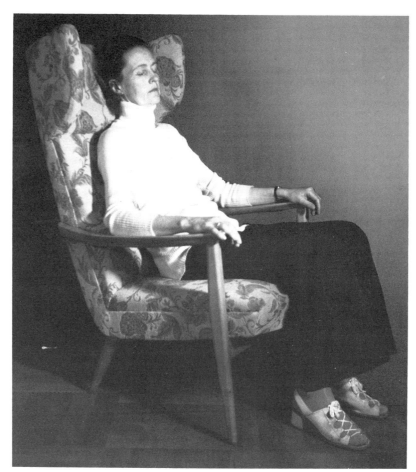

Abb. 2: Im Lehnstuhl

keine Gelegenheit dazu finden, weil diese bequemen Sitz- oder Liegegelegenheiten eben nicht zur Verfügung stehen.

Die Droschkenkutscherhaltung erfordert die geringsten Voraussetzungen. Man rutscht auf einem Stuhl etwas nach vorn, so daß man von der
Lehne freikommt, oder sitzt einfach auf einem Hocker oder einem Brett.
Die Beine stehen senkrecht fest auf dem Boden, und zwar so, daß die Knie
30 bis 40 cm voneinander entfernt sind. Die Sitzhöhe sollte so bemessen
sein, daß die Oberschenkel etwa eine waagerechte Linie ergeben. Notfalls
muß man etwas unter die Füße legen (z.B. Bücher); auch ein Kissen auf

Abb. 3: Richtige Droschkenkutscherhaltung, die Schultern befinden sich etwa senkrecht über den Hüften, die Beine stehen senkrecht auf dem Boden.

Abb. 4: Falsche Droschkenkutscherhaltung, der Oberkörper ist zu weit nach vorn gebeugt, die Arme stützen sich auf den Oberschenkeln ab, die Beine stehen schräg nach vorn.

Abb. 5: Richtig ausgeführte Droschkenkutscherhaltung, die Hände hängen zwischen den Oberschenkeln herab, ohne sich zu berühren.

dem Schoß kann hilfreich sein, wenn die Oberschenkel deutlich nach vorn abfallen. Der Oberkörper darf sich weder nach vorn noch nach hinten neigen, sondern soll zunächst möglichst senkrecht gehalten werden, und dann läßt man ihn in sich zusammensinken, indem man im Kreuz einknickt. Wenn es richtig geschieht, befinden sich danach die Schultern fast senkrecht über den Hüftgelenken. Kommen die Schultern dagegen wesentlich weiter nach vorn, wird der Oberkörper mit den Armen abgestützt und dadurch eine Entspannung der Armmuskulatur unmöglich gemacht werden. Bei richtiger Haltung hängt der Oberkörper gleichsam in seinem Bänder- und Knochengerüst. Die Unterarme werden nun mit leichtem Schwung so auf die Oberschenkel gelegt, daß die Hände innen zwischen den Schenkeln herunterhängen, sie sollen sich nicht berühren, aber auch nicht auf den Knien liegen. Die Beachtung der Reihenfolge ist wichtig. Werden nämlich die Arme gleichzeitig mit dem Einknicken des Körpers auf die Oberschenkel gelegt, ist die Versuchung sehr groß, sich abzustützen.

Wenn die Entspannungshaltung soweit eingenommen ist, läßt man den Kopf seiner eigenen Schwere entsprechend nach vorn sinken, schließt die Augen und den Mund und befindet sich in der Ausgangshaltung zum Üben. Alles soll locker, entspannt, »leger« geschehen. Die Lider dürfen nicht zugekniffen und die Zähne nicht fest aufeinander gebissen werden, sondern nur locker zusammenliegen. Alle beengenden Kleidungsstücke sollen gelöst werden – das gilt nach dem Essen besonders für den Hosenbund. Frauen tragen zweckmäßigerweise Hosen, die ihnen die vorschriftsmäßige Haltung der Beine mit den geöffneten Knien erleichtern.

Autogen entspannen ist zwar nicht dasselbe wie einschlafen, »Autogenes Training ist weit mehr als Sandmännchen-Ersatz« *(Schultz)*. Aber vereinfachend kann man sagen, daß alles, was beim Einschlafen stört, auch für die autogene Entspannung störend ist. Das gilt jedenfalls für den Anfang; später sind es gerade die durch das Training erworbene Ruhe und Gelassenheit, die einen gegen solche Störungen weitgehend unempfindlich machen. Für die ersten Wochen aber sollte man möglichst dort üben, wo es einigermaßen ruhig ist und einem nicht gerade grelles Licht ins Gesicht scheint. In geschlossenen Räumen empfiehlt es sich, am Tage die Vorhänge vorzuziehen oder abends das Licht etwas abzudunkeln und Geräusche soweit wie möglich abzustellen.

2. Das Zurücknehmen

Jedes Üben wird durch »Zurücknehmen« abgeschlossen, die Entspannung wird zurückgenommen. Die Anweisung dazu lautet: »Arme fest – tief Luft holen – Augen auf!« Die Fäuste werden geballt und die Arme zwei- bis dreimal fest in den Ellbogen angewinkelt, gleichzeitig erfolgen einige tiefe Atemzüge, und die Augen werden energisch geöffnet. Dadurch wird die Spannung im ganzen Körper wieder hergestellt, ohne die jede aktive Tätigkeit unmöglich ist.

Wo richtiges Zurücknehmen versäumt wurde, kam es gelegentlich dazu, daß der Übende seine Arme wie gelähmt empfand und nicht mehr schreiben konnte, oder daß eine allgemeine Schlaffheit und Müdigkeit zurückblieben statt der erholsamen Frische, wie sie nach normalem Übungsverlauf und -abschluß empfunden wird. Durch nachträgliches energisches Zurücknehmen konnten diese Störungen stets schnell wieder behoben werden. Manchmal müssen dazu die Arme fünf- bis zehnmal und auch die Beine in den Knien mehrfach energisch angewinkelt werden. Nur wenn die autogene Entspannung direkt in den Schlaf übergehen soll, entfällt das Zurücknehmen. Es wird dann durch das Aufwachen nach dem Schlaf ersetzt, wobei sich die Muskelspannung wieder einstellt.

Die einzelnen Übungen

Im folgenden werden die einzelnen Übungen der gesamten Grundstufe des Autogenen Trainings geschildert. Dazu gehören: die Ruhetönung – die Schwereübung – die Wärmeübung – die Herzübung – die Atemübung – die Sonnengeflechtsübung und schließlich die Stirn-Kühle-Übung.

Ruhetönung

Nachdem eine der beschriebenen Übungshaltungen im Liegen oder im Sitzen eingenommen wurde, wobei immer darauf zu achten ist, daß wir uns angenehm und bequem und nicht irgendwie beengt, behindert oder verkrampft fühlen und daß es nicht zu kalt und nicht zu warm ist, sagen wir uns mit geschlossenem Mund und so, daß es kein anderer hört, also gleichsam vor unserem »inneren Ohr«:

● **»Ich bin ganz ruhig«**

Wir versuchen dabei, jeden anderen Gedanken auszuschalten und uns nur auf das Ruheerlebnis zu konzentrieren. Durch diese Formel sollen wir uns nun nicht zur Ruhe »überreden«, sondern es wird damit nur das Ziel unserer Übungen angesprochen und gleichzeitig eine ruhige Einstellung, eine »Ruhetönung« hergestellt.

Schwereübung

Wenn wir abgeschaltet und uns ganz auf Ruhe eingestellt haben, konzentrieren wir uns auf den rechten Arm. Die Formel dazu heißt:

● **»Rechter Arm ist ganz schwer«**

Wir sagen uns dies nicht nur (schweigend) vor, sondern stellen uns ganz darauf ein. Wir sind überzeugt davon, daß der rechte Arm schwer ist, und geben uns diesem Gefühl ganz hin. Gleiches gilt dann für jede der folgenden Formeln. Mit Willen und Verstand ist die Umschaltung zur Ruhe und Entspannung nicht zu erreichen. Es gilt deshalb die Anweisung: Nichts

21

denken – nichts wollen – nichts erwarten – nichts tun – nur in sich hinein-
fühlen! Hier kann wieder der Vergleich mit dem Einschlafen hilfreich sein.
Wir können den Schlaf nicht herbeizwingen, mit dem Willen ist dabei
nichts zu erreichen, und je aufmerksamer wir ihn erwarten, um so mehr
verscheuchen wir den Schlaf. Angestrengtes Nachdenken fördert das Einschlafen ebensowenig wie aktives Tun. Wir müssen uns auf das Ziel – dort
das Einschlafen, hier die Schwereempfindung – einstellen, uns ihm ganz
hingeben. Je gelassener und ungestörter wir es tun, um so schneller wird
der Erfolg eintreten. »Konzentration« ist beim Autogenen Training kein
energischer oder gar krampfhafter Willensakt, sondern sie besagt nur, daß
wir uns dem erwünschten Erlebnis so vollkommen hingeben, daß unsere
Gedanken und unsere Aufmerksamkeit davon ganz in Anspruch genommen sind und für nichts anderes mehr Platz ist in unserem Kopf. Es handelt sich um eine gelassene, entspannte, ganz legere Konzentration.

Jede Übungsformel vergegenwärtigen wir uns etwa sechsmal hinter-
einander, dann folgt wieder einmal die Formel »Ich bin ganz ruhig«, und
dann wieder sechsmal die Schwere- oder Wärme- usw. -Formel. Sechsmal
ist dabei nur ein Anhalt, der sich bewährt hat, an den man sich aber nicht
ängstlich zu halten braucht. Wenn es fünf- oder siebenmal geschieht, ist
das auch nicht falsch.

Die zusätzliche Vorstellung »Arm ist bleischwer« kann das Schwereerlebnis unterstützen. Wer die Schwere seiner Arme noch nie bewußt
empfunden hat, dem sei empfohlen, einmal, wenn er in der Badewanne
sitzt, die gestreckten Arme langsam aus dem Wasser herauszuheben. In
dem Augenblick, in dem die Arme aus dem Wasser kommen, wird er ihr
Gewicht deutlich spüren.

Wichtig ist es, beim Üben darauf zu achten, daß es in der Formel jeweils
»ist« und nicht »wird« heißt. Wir nehmen den erwünschten Zustand als
gegeben an und erwarten ihn nicht erst. Die Einstellung »Rechter Arm
wird ganz schwer« könnte eine Erwartungsspannung auslösen, die der Entspannung hinderlich wäre. Bei richtigem Üben stellt sich allmählich ein
Schweregefühl im rechten Arm ein, das sich im Verlauf des weiteren
Übens auch auf den linken Arm überträgt, dann auf die Beine und schließlich auf den ganzen Körper. Wenn dieser Generalisierungseffekt beobachtet wird, stellen wir uns beim weiteren Trainieren darauf ein.

Je kleiner der Körperbereich ist, auf den wir uns zunächst konzentrieren,
um so wirksamer kann die Konzentration sein. Deshalb gilt unser Bemühen zunächst nur dem rechten Arm. Entgegen älteren Anweisungen hat es
sich gezeigt, daß auch Linkshänder mit dem rechten Arm beginnen können und dabei den gleich guten Effekt wie Rechtshänder erzielen. Bemer-
ken wir, daß das Schweregefühl nicht nur im rechten, sondern bald auch im
linken Arm eintritt, können wir uns beim weiteren Üben auf beide Arme
konzentrieren mit der Vorstellung: »Beide Arme sind ganz schwer.« All-

22

mählich wird das Schweregefühl dann auch in den Beinen eintreten, dann heißt es »Arme und Beine sind ganz schwer.« Nach mehrwöchigem Üben genügt meist eine kurze Konzentration auf die Schwere – statt des Satzes »Rechter Arm ist ganz schwer« lautet unsere Konzentrationsformel dann einfach nur noch »Schwere« – und das Schwereerlebnis stellt sich im ganzen Körper ein.

Schwere in den Gliedern ist gleichbedeutend mit Entspannung der Muskulatur. Diese Erfahrung kann jeder beim Einschlafen machen, wenn die Glieder schwer zu werden scheinen. Ärztliche Untersuchungen haben ergeben, daß das subjektive Empfinden für die Entspannung der Muskulatur tatsächlich die Schwere ist.

Für das Erlernen jeder einzelnen Übung setzte *J. H. Schultz* ursprünglich 14 Tage an. Unsere Zeit ist schnellebiger geworden. Bei den Kursen, die heute abgehalten werden, findet meist alle acht Tage ein Übungsabend mit einer neuen Übung statt. Wie bei allen Übungsvorgängen ist es auch beim Autogenen Training so, daß das Übungsziel der eine schneller und der andere langsamer erreicht. Es gibt dafür keine Vorschrift. Wer längere Zeit zum Erlernen braucht, bei dem sitzt die Übung dann oft besonders gut. Als Erfahrungswert können 8 bis 14 Tage angesetzt werden, die erforderlich sind, um die gewünschte Einstellung deutlich zu erleben. Zu Beginn treten oft Zweifel auf, und der Übende fragt sich: Bilde ich es mir nur ein, oder ist es wirklich so, daß die Schwere, die Wärme usw. eingetreten ist? Dieser Beginn ist typisch und absolut richtig. Erst allmählich weicht die Skepsis der Sicherheit, daß diese Empfindungen nicht nur Einbildung, sondern Wirklichkeit sind.

Wärmeübung

Auf die Schwere- folgt die Wärmeübung. Wärme bedeutet gute Durchblutung. Kalte Hände oder Füße sind schlecht, warme Hände oder Füße sind gut durchblutet. Das Blut ist der Wärmeträger im Körper (so wie das Wasser in der Warmwasser-Zentralheizung). Blut kann aber nur dort hinkommen, wo die Blutgefäße entspannt und nicht enggestellt und verkrampft sind. Wenn bei der Wärmeübung die Temperatur in den Händen deutlich ansteigt, was sich mit Hilfe entsprechender Thermometer nachweisen läßt, dann ist das ein Beweis dafür, daß sich die Blutgefäße tatsächlich entspannt haben und vermehrt Blut durchfließen kann.

Mit Hilfe der Wärmeübung erreichen wir also eine Entspannung der Gefäße, ebenso wie wir mit der Schwereübung eine Entspannung der Muskulatur erreicht haben. Bei der engen Verflechtung der Gefäße mit der Muskulatur ist es verständlich, daß die Entspannung von dem einen System auf das andere übergreifen kann und daß wir beim Üben oft während der Schwereeinstellung bereits eine deutliche Wärme verspüren. Diese beiden ersten Übungen unterstützen sich gegenseitig. Einströmendes Blut fördert die Wärme ebenso wie die Schwere. Darum kann ein Übender, auch wenn er die Schwere, was nicht selten vorkommt, zunächst nicht so deutlich zu erleben vermag, nach acht Tagen ruhig mit der Wärmekonzentration beginnen.

Im übrigen kann man immer wieder beobachten, daß einzelne Übende die Schwere und andere wieder die Wärme deutlicher wahrzunehmen vermögen, und das kann dann auch noch nach jahrelangem Üben der Fall sein. Man spricht in diesen Fällen von »Schweretypen« und »Wärmetypen« oder »Kreislauftypen«. Für den endgültigen Erfolg ist das ohne Belang.

Wir konzentrieren uns nun wieder auf den rechten Arm mit der Vorstellung:

● »Rechter Arm ist ganz warm«

Diese Formel sechsmal und dann wieder einmal »Ich bin ganz ruhig«, und dann wieder sechsmal die Wärmeformel. Nach mehrtägigem Üben erfolgt die Generalisierung vom rechten in den linken Arm, in die Beine und schließlich in den ganzen Körper. Besonders deutlich wird die Wärme in den Händen empfunden. In den Fingerspitzen stellt sich meist ein leichtes Kribbeln ein und oft auch das Gefühl, als würden die Finger dicker. Da es ja der Blutstrom ist, der die Wärme und die zusätzlichen Empfindungen entstehen läßt, kann man das Wärmeerlebnis durch die Vorstellung unterstützen: »Das Blut kommt strömend warm bis in die Fingerspitzen und bis in die Zehenspitzen«, und schließlich: »Ganzer Körper ist strömend warm durchblutet.«

Wenn das Wärmeerlebnis erarbeitet ist, haben wir durch die Ruhetönung und die Einstellung auf Schwere und Wärme bereits eine allgemeine Entspannung erreicht, die als wohltuend und erholsam empfunden wird.

Herzübung

Unser Körper besteht nicht nur aus Muskeln, Gefäßen und Organen, er wird von den Rhythmen des Pulses und der Atmung belebt. Für unser Befinden und unsere Verfassung sind diese Rhythmen von entscheidender Bedeutung. Jeder hat es schon erlebt, wie das Herz unruhig schlagen und die Atmung unruhig werden kann, wenn wir uns in Angst oder Erwartungsspannung befinden oder aber ein Schreck oder eine Freude uns

24

bewegen. Diese Erlebnisse machen es deutlich, wie eine seelische Einstellung eine körperliche Reaktion hervorrufen kann und wie dann umgekehrt diese Körperreaktion sich wieder auf unser Gesamtbefinden auswirkt.

Aus der inzwischen erworbenen Haltung der Ruhe und Entspannung heraus konzentrieren wir uns bei der dritten Übung auf die Formel:

● »Herz schlägt ruhig und kräftig«

Man muß beachten, daß es in der Formel »ruhig« und nicht »langsam« heißt. Die normale Ruhefrequenz des Herzens liegt zwischen 60 und 80 Schlägen in der Minute. Es ist nicht erwünscht, daß die Schlagfolge unter diesen Normalbereich absinkt, und dies könnte eintreten, wenn jemand, der besonders gut darauf anspricht, sich intensiv auf einen langsamen statt auf einen ruhigen Herzschlag einstellt.

Die Herzübung ist schwieriger zu verwirklichen als die beiden vorhergehenden Übungen. Zwar haben wir es mit Hilfe der Wärmeübung schon gelernt, ein Körpersystem, das wir üblicherweise nicht bewußt zu steuern vermögen, wirksam zu beeinflussen. Beim Herzschlag aber ist es schwieriger, die sich sonst unwillkürlich vollziehende Steuerung in den Griff zu bekommen. Es bedarf längeren und regelmäßigen Übens, bis es gelingt, die gewünschte Wirkung zu erzielen. Wer seinen Herzschlag bewußt erlebt, weiß, worauf er sich bei der Herzübung einzustellen hat.

Manch einer aber empfindet seinen Pulsschlag deutlicher als sein Herz. Auch der Pulsschlag ist nichts anderes als der fortgeleitete Herzschlag und stimmt mit diesem überein. An vielen Stellen des Körpers, am Handgelenk, am Hals oder in den Leistenbeugen kann der Puls deutlich gefühlt werden. Manchmal hört man ihn auch im Ohr, besonders dann, wenn man mit dem Ohr auf dem Kopfkissen liegt.

Auch mit diesem Pulsrhythmus kann man die Vorstellung des ruhigen und kräftigen Herzschlages verbinden.

Die Formel lautet in diesem Falle: »Puls schlägt ruhig und kräftig (oder: regelmäßig).«

Den Herzschlag selbst können die meisten Menschen, die ihn bisher nicht erlebten, deutlich spüren, wenn sie die rechte Hand unterhalb der linken Brustwarze flach auf den Brustkorb legen. Es ist der Herzspitzenstoß, der dann an einer umschriebenen Stelle gefühlt wird und der wiederum einen Anhalt dafür gibt, worauf sich die Konzentration bei der Herzübung zu richten hat. Anfangs, bis das Herzerlebnis deutlich geworden ist, kann man die Hand auch während des Übens auf der linken Brustseite belassen. Dies geschieht im Liegen. Unter den rechten Ellenbogen muß dann ein Kissen gelegt werden, das bis zur Brusthöhe reicht, damit der Arm abgestützt ist. Andernfalls würde er vom Brustkorb abrutschen, oder aber es wäre Muskelspannung nötig, um ihn oben zu halten.

Das Autogene Training kann, wie eingangs schon erwähnt, sehr hilfreich bei den verschiedensten Herzbeschwerden sein. Die Herzübung aber muß gerade von denen, die an solchen Beschwerden leiden, mit besonderer Vorsicht durchgeführt werden. Es wäre ganz falsch zu glauben, daß ein recht intensives Bemühen bei dieser Übung am schnellsten zur Beseitigung von Herzbeschwerden führen müßte. Gerade dadurch können sich vielmehr vorher schon bestehende nervöse Störungen, wie Herzunruhe, Rhythmusstörungen oder auch Ziehen und Druckgefühl am Herzen zunächst einmal verstärken. Dies ist nicht gefährlich, aber doch unangenehm und sollte möglichst vermieden werden. Es empfiehlt sich deshalb, bei »nervösem« Herzen oder Herzneurose die Herzübung besonders vorsichtig durchzuführen, indem man sich die Übungsformel nur etwa ein- bis zweimal statt, wie sonst üblich, sechsmal vergegenwärtigt. Wenn trotzdem noch unerwünschte Herzsensationen auftreten, sollte man diese Übung zunächst ganz auslassen, um sie erst nach der Atemübung oder auch ganz am Schluß nach der letzten Übung noch einmal vorsichtig auszuführen. Bewirkt sie auch dann wieder störende Herzempfindungen, läßt man sie endgültig weg. Bereits die Gesamtruhigstellung, die durch jede einzelne der Übungen angestrebt wird, wirkt sich ja auch auf das Herz aus. So bedeutet die Empfehlung, die Herzübung gegebenenfalls auszulassen, nicht, daß das Herz dann durch das Autogene Training überhaupt nicht im Sinne von Ruhe und Entspannung beeinflußt würde. Es geschieht nur vorsichtiger und gleichsam indirekt. Die direkte Konzentration auf das Herz bei der dritten Übung trägt im allgemeinen zu einer Intensivierung der Wirkung bei, und das kann bei einem entsprechend sensiblen oder »empfindlichen« Herzen auch zu unerwünschten Nebenerscheinungen führen.

Es sei aber ausdrücklich darauf hingewiesen, daß die genannten Störungen am Herzen nur in Ausnahmefällen auftreten. Die allermeisten Übenden werden auch die Herzübung ohne jegliche störende Nebenerscheinungen durchführen können und bald ihre wohltuende Wirkung verspüren. In den Fällen, in denen Unregelmäßgkeiten des Pulsschlages (Herzrhythmusstörungen, Extrasystolen) vorliegen, kann es zweckmäßig sein, das Wort »kräftig« durch »regelmäßig« zu ersetzen, so daß die Formel dann lautet: »Herz schlägt ruhig und regelmäßig.«

Ein 49jähriger Kaufmann, der vor einem halben Jahr einen Herzinfarkt gehabt hatte und seit dieser Zeit an Extrasystolen litt, übte mit dieser Formel und konnte bereits nach drei Wochen feststellen, daß die Extraschläge völlig verschwunden waren.

Alle Fragen und Zweifel, die im Zusammenhang mit der Herzkonzentrationsübung auftreten, sollten mit dem Arzt besprochen werden.

26

Da die Herzübung erfahrungsgemäß die schwierigste unter den autogenen Trainingsübungen ist, ziehen es einzelne Autoren vor, sie, anders als *J. H. Schultz,* grundsätzlich erst nach der Atemübung anzusetzen. Mancher Übende fragt auch, warum er überhaupt die Herzübung machen sollte, wo sein Herz doch so schon ruhig, kräftig und regelmäßig schlüge und ihm keinerlei Beschwerden mache.

Da die Herzübung, wie alle Übungen des Autogenen Trainings, letztlich der Gesamtentspannung dient, hat sie dann die Aufgabe, den ruhigen Rhythmus des Herzens zum bewußten Erlebnis werden zu lassen und dadurch Ruhe und Entspannung zu vertiefen.

Eine persönliche Erfahrung hat mich den Wert der Herzübung erkennen lassen, der mir, als ich die Übung in jungen Jahren erlernte, auch noch nicht deutlich war. Wenn ich mich heute autogen entspanne, setzt die Gesamtumschaltung sehr schnell ein, und ich brauche keine der einzelnen Formeln mehr dazu anzuwenden. Manchmal aber stört mich starkes Herzklopfen, und dann bin ich froh, daß mir die Formel: »Mein Herz schlägt ruhig und regelmäßig« durch das ständige Einbeziehen in die Übungen vertraut ist und ich mein Herz damit ruhigstellen kann. So ist mir gerade die Herzformel, mit der ich als junger Mann auch wenig anzufangen wußte, heute besonders wertvoll geworden.

Atemübung

Auch der Atemrhythmus hat ebenso wie der Herzschlag eine wichtige Funktion im gesamten Entspannungserlebnis. Bei der vierten Übung konzentrieren wir uns auf die Vorstellung:

● **»Atem geht ruhig und regelmäßig«**

Die Atemmuskulatur nimmt eine Mittelstellung zwischen der bewußt und der unbewußt gesteuerten Muskulatur in unserem Körper ein. Die Muskeln unserer Arme und Beine etwa können wir nur bewußt betätigen, während die Muskulatur unserer Verdauungsorgane und auch des Herzens unbewußt gesteuert wird. Dazwischen liegt nun die Atemmuskulatur, die wir einerseits willkürlich einsetzen können, indem wir besonders tief oder flach atmen oder den Atem auch vorübergehend ganz anhalten, die andererseits aber auch ohne unser Zutun gesteuert wird, so wie es etwa im Schlaf, in der Narkose oder in der Bewußtlosigkeit der Fall ist. In Atemschulen wird der bewußte Einsatz der Atemmuskulatur geübt. Beim Autogenen Training ist dies aber nur störend.

»Es gibt vielerlei Atemübungen, von Menschen erfunden und für vielerlei Zwecke von Nutzen. Über ihre Richtigkeit kann man streiten. Aber es gibt nur eine unbestreitbare Übung, das ist die Übung zu lernen, den Atem, der nicht vom Menschen erfunden, sondern ihm eingeboren und wesensgemäß ist, zuzulassen. In dieser Übung geht es nur darum, den naturgegebenen Atem zu erlauschen, seine ursprüngliche Form wiederzufinden und zu erhalten, und das bedeutet vor allem: zuzulassen, was uns von selbst ohne unser Zutun als ganz natürliches Ausströmen und Einströmen im Geben und Empfangen rhythmisch bewegt.« Diese Worte, die der bekannte Psychotherapeut *Graf Dürckheim* in anderem Zusammenhang geschrieben hat, charakterisieren am besten, worauf es auch bei der Atemübung des Autogenen Trainings ankommt. Unsere Übungsformel darf niemals heißen: »Ich atme . . .«, sondern vielmehr: »Der Atem geht . . .« oder auch: »Es atmet mich ruhig und regelmäßig.« Die Atemübung kann zwar, wie gesagt, zunächst Schwierigkeiten bereiten, indem man bewußt atmet, statt sich einfach dem Rhythmus hinzugeben, aber ernstere Nebenwirkungen werden hierbei erfahrungsgemäß nie beobachtet.

Die Frage, ob man tief oder flach atmen soll, erübrigt sich; denn *man* soll ja gar nicht atmen, sondern den Atem geschehen lassen, ihn erfühlen und seinen ruhigen, harmonischen Rhythmus erleben.

Das Gegenteil von einer ruhigen und entspannten Atmung wird beim Bronchialasthma erlebt. Durch eine Verkrampfung der Bronchialmuskulatur ist die Atmung qualvoll und mühsam. Wer je einen Kranken im schweren Asthmaanfall gesehen hat, dem wird das angstvoll angespannte Ringen nach Atem unvergeßlich bleiben. Wenn das Autogene Training wirklich zur Ruhe und Entspannung führt, müßte es gerade bei dieser Krankheit erfolgreich einzusetzen sein; und das ist tatsächlich der Fall. Asthmatiker, die das Autogene Training beherrschen, warten zunächst einmal nicht mehr angstvoll auf den nächsten Anfall, und soweit dann Anfälle überhaupt noch auftreten, sind sie von geringerer Heftigkeit.

Der Asthma-Anfall selbst ist für den Anfänger der schlechteste Zeitpunkt zum Üben. Solange die autogene Entspannung noch nicht beherrscht, sondern erst erlernt wird, übt man am besten in Situationen, in denen man ohnehin ruhig und ausgeglichen ist. Erst wenn dem Körper die Umschaltung von der Spannung zur Entspannung geläufig geworden ist, kann auch in schwierigen Situationen mit Erfolg geübt werden, und wer die autogene Entspannung vollkommen beherrscht, wird schließlich sogar den Anfall – sofern er dann überhaupt noch auftritt – damit lindern oder beheben können.

Sonnengeflechtsübung

In die allgemeine Entspannung sollen auch die Organe des Bauchraumes mit einbezogen werden, der nach oben vom Zwerchfell und nach unten

28

vom Becken begrenzt ist. Dazu gehören die Leber mit der Gallenblase, der Magen und die Bauchspeicheldrüse, die Milz, der Darm, die Nieren mit Harnleitern, Blase und Harnröhre – schließlich die Geschlechtsorgane. Es ist nicht notwendig, sich auf jedes dieser Organe einzeln zu konzentrieren; im Bedarfsfall kann dies zwar später zusätzlich noch geschehen, zunächst genügt es aber, wenn wir uns auf das große Nervenzentrum einstellen, das im Oberbauch liegt und den schönen Namen »Sonnengeflecht« führt. Die Anatomen, die dieses Nervengeflecht zuerst entdeckten, verglichen die Nervenstränge, die von dort zu den einzelnen Organen des Leibes laufen, mit den Strahlen der Sonne und gaben ihm den lateinischen Namen »plexus solaris«, zu deutsch: Sonnengeflecht. Es liegt etwa in der Mitte zwischen dem Ende des Brustbeines und dem Nabel in der Bauchhöhle, und dorthin konzentrieren wir die Vorstellung:

● »Sonnengeflecht ist strömend warm«

Um sich dieses Erlebnis zu verdeutlichen, empfiehlt es sich, vor dem Üben einmal die warme Hand auf den Bauch zwischen Brustbein und Nabel zu legen, wobei unter der Hand sehr schnell ein deutliches Wärmegefühl entsteht. Ergänzend kann man dann konzentrieren: »Oberbauch ist ganz warm.« Auch die Vorstellung, als ob warme Atemluft beim Ausatmen in den Bauch strömte, hat sich als hilfreich erwiesen.

Diese Leibesübung kann in besonderer Weise Ruhe und Geborgenheit vermitteln. *Binder* hat die Zusatzformel empfohlen: »Ich ruhe in mir selbst, ich finde zu meiner eigenen Mitte zurück.« Ich denke dabei an die Ruhe und Gelassenheit, die von dem Buddha ausgeht, der seine Hände über seinem dicken Bauch gefaltet hält.

Sind wir mit unseren Übungen bis hierher gekommen, befinden wir uns jetzt in einem Zustand wohliger Entspannung, und unser ganzer Körper ist strömend warm durchblutet.

Stirn-Kühle-Übung

Es ist eine bekannte Erfahrung, daß die Wärme im Körper zwar sehr angenehm zu sein pflegt, im Kopf aber eher als lästig empfunden wird. Ein kühler Kopf ist sehr viel angenehmer als ein heißer Kopf, und auch die Umgangssprache sagt es uns, daß ein Hitzkopf keine gute Sache ist. Ein warmer Bauch und ein kühler Kopf sind wünschenswert. Wir wissen es aus vielfacher Erfahrung, daß sich Wärme im Körper besser ertragen läßt, wenn die Stirn gekühlt wird; denken wir nur an den Fieberkranken, der die kühle Stirnkompresse als wohltuend empfindet. Wo starke Durchwärmung bewußt zu Heilzwecken eingesetzt wird, wie etwa bei der Schwitz-

packung oder im Überwärmungsbad, hat es sich gezeigt, daß sich die
Wärme besser ertragen läßt und auch wirksamer ist, wenn die Stirn gleichzeitig gekühlt wird. Auf dieser Erfahrung beruht unsere letzte Übung, bei
der wir uns auf die Stirne konzentrieren mit der Vorstellung:

● **»Stirn ist angenehm kühl«**

Wir gehen bei dieser Einstellung etwas behutsamer vor als bei den bisheri-
gen Übungen und vergegenwärtigen uns die Formel nur zwei- bis dreimal.
Kühleempfindung ist bekanntlich mit Gefäßzusammenziehung verbunden, und diese könnte sich unangenehm auswirken, wenn wir uns zu energisch darauf einstellen.

Zur Unterstützung des Kühleerlebnisses erinnern wir uns an die Tat-
sache, daß in jedem Raum eine Luftbewegung vorhanden ist. Keine Mauer
ist völlig luftdicht, und durch die Spalten an den Fenstern und Türen findet
immer ein Luftaustausch statt. Diese Luftbewegung im Raum machen wir
uns zunutze mit der Vorstellung: »Ein kühler Lufthauch streicht an meiner
Stirn vorbei.«

Bei dieser Übung ist anfangs Vorsicht geboten, weil manchmal Kopfschmerzen oder bei Migränekranken auch Anfälle dadurch ausgelöst werden können. Hat es sich aber herausgestellt, daß sie gut vertragen wird,
dann kann dabei in der gleichen Weise wie bei den vorhergehenden Übungen verfahren werden.

Zusammenfassung der Übungen

Wir nehmen eine der besprochenen bequemen Haltungen im Liegen oder
Sitzen ein, schalten alle anderen Gedanken aus und vertiefen uns in die
Vorstellung:

»Ich bin ganz ruhig – alles ist ruhig«,
und anschließend konzentrieren wir uns auf die Formeln:
»Rechter Arm ist ganz schwer«, nach Generalisierung später nur noch:
»Schwere«, dann wieder:
»Ich bin ganz ruhig«, später nur noch: **»Ruhe.«**
»Rechter Arm ist ganz warm«, später nur noch: **»Wärme.«**
»Ruhe.«
»Herz schlägt ruhig und kräftig«,
»Ruhe.«
»Atmung geht ruhig und regelmäßig.«
»Ruhe.«
»Sonnengeflecht strömend warm« oder **»Oberbauch ganz warm.«**

»Ruhe.«
»Stirn ist angenehm kühl.«
»Ruhe.«

Auf jede dieser Einstellungen konzentrieren wir uns einige Male. Den dann erreichten Zustand der tiefen Ruhe und Entspannung können wir, evtl. mit Wiederholung der einen oder anderen Formel, beliebig lange aufrechterhalten. Dann wird, wie üblich, zurückgenommen: »Arme fest – tief Luft holen – Augen auf!«

Der Lebensrhythmus, wie er sich in der Natur zwischen Tag und Nacht und beim Menschen zwischen Wachsein und Schlafen vollzieht, wird im Autogenen Training in konzentrierter Form erlebt. Die tiefe Entspannung vermittelt neue Kraft, sie ist gleichsam eine kurze Regeneration, und anschließend ist wieder vermehrte Leistungsfähigkeit gegeben. Die Hochspannung (Hypertonie) unseres geschäftigen Alltags schwingt über die Niedrigspannung (Hypotonie) des Autogenen Trainings ein in die Wohlspannung, die Eutonie.

4. Die Übungsdauer

Anfangs empfiehlt es sich, nur kurz zu üben, etwa eine bis zwei Minuten lang, und das jeden Tag dreimal, besser dreimal zweimal; das bedeutet: etwa 1 Minute üben – zurücknehmen – kurze Pause – neu 1 Minute üben und wieder zurücknehmen. Das ist wirkungsvoller als einmaliges Üben über zwei Minuten. Diese zunächst sehr kurzen Übungszeiten beruhen auf der Erfahrung, daß es dem Anfänger nach mehr als ein bis zwei Minuten nicht mehr gelingt, die Konzentration aufrechtzuerhalten. Bemüht er sich dennoch darum, wird meist Spannung und »Krampf« daraus, weil er es erzwingen will.

Jeder Übende macht die – ihn meist überraschende – Erfahrung, wie schwer es ist, sich für längere Zeit zu konzentrieren. Sehr bald gehen ihm andere Gedanken durch den Kopf, die einer weiteren Vertiefung der gewünschten Körpereinstellung nicht förderlich sind. Dennoch soll er diese Gedanken nicht mit Gewalt verscheuchen, sondern sie einfach vorbeiziehen lassen wie die Wolken am Himmel und sich weiterhin der Übungsformel widmen. Anfänglich gelingt dies schwer, deshalb die kurze Übungszeit! Mit zunehmender Übung bleiben die fremden Gedanken zwar nicht weg, aber wir lernen es, besser damit fertig zu werden, vielleicht unterstützt durch die Zusatzformel: »Gedanken sind ganz gleichgültig.«

Hilfreich für die Konzentration kann es sein, sich vorzustellen, daß man die Formel auf der Mattscheibe seines Fernsehapparates geschrieben sieht oder sie aus dem Lautsprecher gesprochen hört. Ist die Entspannung erst einmal »in Fleisch und Blut« übergegangen, dann wird dieser Zustand durch Gedanken, die durch den Kopf gehen, nicht mehr gestört, und man kann ihn beliebig 5, 10 oder 20 Minuten beibehalten. In jedem Falle findet der Abschluß, ob nach einer Minute oder nach 20 Minuten, durch ein energisches Zurücknehmen statt, sofern man anschließend nicht schlafen will.

Erfahrungsgemäß ist das Autogene Training nach zwei bis drei Monaten so weit erworben, daß die Übungen gut beherrscht werden. Weiteres tägliches ein- bis zweimaliges Üben führt dann nach abermals zwei bis drei Monaten dazu, daß die Gesamtumschaltung sehr schnell erfolgt. Oft genügt das Einnehmen der entsprechenden Haltung mit dem Gedanken, sich autogen entspannen zu wollen, und automatisch setzt dann die Gesamtentspannung ein. Der Leib steht fast unter einem Zwang. Er kann gar nicht anders, als sich zu entspannen, und wir sprechen von einem »erworbenen Vollzugszwang«.

Schließlich kann es sogar gelingen, ohne das Einnehmen einer bestimmten Körperhaltung selbst im Stehen autogen zu trainieren. Es genügt dazu, das Schwereerlebnis intensiv in das Schulter-Nacken-Feld zu konzentrieren, um eine Gesamtentspannung zu erreichen mit all den wohltuenden Wirkungen, die damit verbunden sind.

5. Erworbener Vollzugszwang

Nach *J. H. Schultz* sollte man durch regelmäßiges Üben schließlich dazu kommen, daß das Autogene Training zum erworbenen Vollzugszwang wird. Was heißt das?

Am besten läßt es sich am Beispiel des Lesens erläutern. Wenn wir das Lesen nach der alten Methode – nicht der Ganzwort-Methode – gelernt haben, dann wurden wir zunächst mit den einzelnen Buchstaben vertraut gemacht. H und A und U und S mußten wir zunächst einzeln lesen und schreiben, und erst anschließend lernten wir, die Buchstaben in ihrer Zusammenreihung als das Wort »Haus« zu erfassen. Aus den einzelnen Buchstaben setzten wir das Wort zusammen; nachdem wir dies aber einmal gelernt hatten, war es uns nicht mehr möglich, aneinandergereihte Buchstaben, die einen Wortsinn ergaben, noch einzeln zu lesen, sondern wir erfaßten *zwangsläufig* gleich den gesamten Wortsinn. Das Lesen des ganzen Wortes war uns zu einem Zwang geworden, den wir durch Übung erworben hatten und der uns nun lebenslang begleitet.

Ebenso sollte es mit dem Autogenen Training gehen. Zunächst setzt sich jede Übung für uns aus einzelnen Konzentrationsformeln zusammen, und aneinandergereiht, führen sie allmählich zur autogenen Entspannung. Im Laufe des Übens werden die einzelnen Entspannungsformeln immer mehr zu einer Einheit, und die Gesamtentspannung stellt sich geradezu zwangsläufig ein. Schließlich können wir gar nicht mehr anders: wenn wir uns nur mit dem Gedanken an das Autogene Training in die entsprechende Übungshaltung begeben, stellt sich in Sekundenschnelle die Gesamtentspannung ein, sie ist für den Körper zu einem Zwang geworden; er kann gar nicht mehr anders und muß die Entspannung vollziehen – das Autogene Training ist zum (erwünschten) erworbenen Vollzugszwang geworden!

6. Zusatzformeln und formelhafte Vorsatzbildungen

Die Wirkungen der Trainingsübungen können durch zusätzliche Formeln vertieft und erweitert werden. Bekanntlich spielt Wärmebehandlung in der Heilkunde eine große Rolle. Angefangen von der Wärmflasche oder dem Heizkissen, die auf den Leib oder die Gliedmaßen gelegt werden, über die Bestrahlungen mit Solluxlampen oder Infrarot bis hin zur Mikrowellen- und Kurzwellenbehandlung finden immer wieder Wärmeanwendungen statt, und Erwärmung bedeutet stets bessere Durchblutung. Ähnliches kann der autogen Trainierte ohne jede äußere Hilfe erreichen. Durch Konzentration auf einen bestimmten Körperbezirk oder ein bestimmtes Organ kann er eine bessere Durchwärmung erwirken mit der Formel: »Ganz warm« oder »Strömend warm durchblutet«. Bessere Durchblutung aber ist immer heilungsfördernd und häufig auch schmerzlindernd.

Zur Schmerzbekämpfung an inneren Organen hat sich die Konzentration bewährt: »Die rechte Niere (oder Gallenblase, oder Magen usw.) ist ganz warm und schmerzfrei.« Oder zusätzlich auch: »Schmerz ist weg«, »Schmerz ist ganz gleichgültig« oder »Tut gar nicht weh«. An der Körperoberfläche dagegen können Schmerzen besser durch Kühlstellung bekämpft werden. Daß Kälte schmerzbetäubend wirken kann, ist von der sogenannten Vereisung bekannt, wie sie der Chirurg etwa vor der Spaltung eines Furunkels vornimmt. Zur Bekämpfung der Schmerzen an der Haut oder auch an den Zähnen heißt die Einstellung: »Linker Handrücken (oder rechter Oberschenkel, oder linker Backenzahn usw.) ist ganz kühl«, und zusätzlich die Formel gegen den Schmerz wie bei den inneren Organen. Die schmerzlindernde Wirkung stellt sich meist sehr bald ein.

Mit den zusätzlichen Formelbildungen kann man nicht nur Schmerzen beheben und Verkrampfungen lösen, sondern darüber hinaus auch noch andere Wirkungen erzielen. Angst und Unruhe, die sich durch die Gelassenheit, zu der die regelmäßigen Entspannungsübungen führen, ohnehin vermindern, können noch weiter gemildert werden.

Wie der Arzt seinen Patienten in der Hypnose Anweisungen geben kann, die lange nachwirken, so kann dies der autogen Trainierende auch für sich selbst tun. Im Zustand tiefer autogener Entspannung, die der hypnotischen Entspannung entspricht, kann sich der Übende auf zusätzliche Formeln konzentrieren. *J. H. Schultz* bezeichnete sie als »formelhafte Vorsatzbildungen«, die wie posthypnotische Suggestionen wirken. Dabei hat sich die Gleichgültigkeitsformel besonders bewährt, also etwa: »Examen ist ganz gleichgültig«, oder »Andere Menschen sind ganz gleichgültig«, oder »Chef ist ganz gleichgültig« usw., wodurch Erwartungsspannungen und Ängste abgebaut werden können.

Wenn man sich an Dinge allzusehr gewöhnt hat und gerne wieder davon loskommen möchte, kann es mit Hilfe der Gleichgültigkeitsformel gelingen, wieder Distanz von ihnen zu gewinnen, etwa mit den Formeln: »Alkohol ist ganz gleichgültig«, oder »Zigaretten sind ganz gleichgültig«, oder »Geld ist ganz gleichgültig«. Es muß hier aber darauf hingewiesen werden, daß dieses Vorgehen allein in der Regel nicht genügt, einen entscheidenden Wandel herbeizuführen; andere Maßnahmen sind zusätzlich erforderlich. Wenn es um die Überwindung einer suchtartigen Gewohnheit geht, kann das Autogene Training die Entwöhnung zwar sehr wirkungsvoll unterstützen, aber Wunder vollbringt es nicht.

Neben der Gleichgültigkeit gibt es noch andere Einstellungen, mit denen sich mitunter gute Wirkungen erzielen lassen, so etwa: »Enthaltsamkeit ist Freude«, oder gegen die Eßlust trainiert man eine halbe Stunde vor dem Essen: »Ich bin ganz zufrieden und satt.« Die Formel, die sich *Dr. Lindemann* vor seiner Ozeanüberquerung monatelang einprägte, lautete ganz knapp: »Ich schaffe es.«

Es empfiehlt sich, mit dem Hausarzt oder dem Übungsleiter zu sprechen, um die für den individuellen Fall geeignete Wortwahl herauszufinden. Die Formeln sollten knapp, einprägsam und besser positiv als negativ, besser bejahend als verneinend sein. »Nichtrauchen nützt der Gesundheit« ist besser als »Rauchen schadet der Gesundheit«. Strikte Verbote sollten in den Formeln vermieden werden, da sie leicht zum Widerspruch herausfordern.

Will der Übende solche formelhaften Vorsatzbildungen anwenden, ist es notwendig, zunächst die autogene Entspannung in der angegebenen Weise herzustellen. Erst dann, wenn er gut entspannt ist, stellt er sich etwa vier- bis sechsmal auf die betreffende Zusatzformel ein, und dies am besten bei jedem Üben. Als besonders wirksam hat es sich für die formelhaften Vorsatzbildungen bewährt, sie in das abendliche Training einzubauen, das dann nicht durch Zurücknehmen wieder aufgehoben wird, sondern in den Schlaf übergeht. Man kann mit Hilfe dieser Technik versuchen, eine unerwünschte Angewohnheit loszuwerden oder sich umgekehrt etwas Erwünschtes anzugewöhnen. »Gewohnheiten« haben ihren Sitz in unserem Unbewußten. In dem schlafähnlichen Entspannungszustand des Autogenen Trainings ist jede Reaktion gedämpft, das Kritikvermögen weithin aufgehoben, und die Reflexionen, die das Unbewußte abschirmen, sind ausgeschaltet, »so öffnet sich die Eingangspforte zur Tiefenperson«, sagt *Binder.* Die Formeln können sich dann genau dort einprägen, wo auch die unerwünschten Angewohnheiten ihren Sitz haben, und diese durch Gegeneinstellungen neutralisieren und aufheben oder auch durch neue Einstellungen das Entstehen neuer, erwünschter Gewohnheiten unterstützen.

So können Fehlhaltungen überwunden und neue, bessere Haltungen erworben werden. Zum Erfolg ist jeweils 4- bis 8wöchiges Üben mit immer der gleichen Zusatzformel erforderlich.

Eine Übungsteilnehmerin, die eine unerfindliche Angst vor jeder Brücke hatte und nicht in der Lage war, Brücken zu überqueren, wählte die Vorsatzbildungen: »Brücken sind ganz gleichgültig« und »Ich gehe tapfer über die Brücke«. Nach mehrwöchigem Üben hatte sie ihre Brückenangst verloren und kann seitdem ungehindert über jede Brücke gehen.

7. Besondere Erfolge

Erste deutliche Wirkungen des Autogenen Trainings pflegen sich meist schon nach wenigen Wochen des Übens einzustellen. Bei meinen Kursen gebe ich jeweils am vorletzten Übungsabend einen Fragebogen aus mit der Bitte, diesen am letzten Abend wieder abzuliefern. Eine Frage auf diesem Bogen lautet: Welche besonderen Erfolge haben sich eingestellt? Darauf wird mit Abstand am häufigsten geantwortet: Besseres Einschlafen – besseres Durchschlafen – erstmals ohne Tabletten geschlafen. Am zweithäufigsten erfolgen die Angaben: Ruhiger und gelassener geworden – mehr Ausgeglichenheit – rascheres Abschalten. Aus der Fülle der weiteren Antworten seien noch genannt: Konzentrationsverbesserung – weniger Kopfweh – bessere Durchblutung von Händen und Füßen – kein Herzstolpern mehr – tägliche Wadenkrämpfe ganz verschwunden. Und schließlich ein Beispiel aus den Antworten, die etwas ausführlicher gegeben werden. Ein vierzigjähriger technischer Zeichner schrieb: »Lösung der Verkrampfungen, mehr Selbstbewußtsein, besseres Allgemeinbefinden. Wenn mein augenblicklicher Zustand bleibt oder sich durch weiteres Üben noch mehr bessert, war die Teilnahme am Autogenen Training meine bis jetzt beste (und zugleich billigste) Heilmethode.«

8. Hilfe zum Einschlafen

Es klingt zunächst widersprüchlich. Einmal wird gesagt, nach dem Autogenen Training sei man frisch, ausgeruht und leistungsfähig, und zum anderen heißt es wieder, daß man mit dem Autogenen Training besser einschlafen könne. Wie erklärt sich dieser Widerspruch? Ganz einfach: Durch die autogenen Trainingsübungen stellt sich in tiefer Entspannung ein wohltuender schlafähnlicher Zustand ein. Wie also sollte man sich danach nicht frisch und ausgeruht fühlen? Und gleichzeitig: Warum sollte ein solcher Zustand nicht dazu geeignet sein, wenn man müde ist, in den richtigen Schlaf hinüberzuführen?

Autogenes Training macht nicht müde; es entspannt, und darum kann es, wenn nicht »zurückgenommen« wird, den Schlaf einleiten. Was so viele Menschen am Einschlafen hindert, sind ja nur selten körperliche Schäden oder organische Krankheitserscheinungen, vielmehr sind es meistens innere Unruhe, Nervosität, Unausgeglichenheit, Verspannung, »Nicht-Abschalten-Können«. Diese störenden Erscheinungen werden aber durch das Autogene Training überwunden, und die natürliche Müdigkeit – etwa nach der Arbeit des Tages – kann dann ungestört in den Schlaf übergehen.

Möchte der Übende das Autogene Training speziell dazu einsetzen, besser ein- und durchschlafen zu können, hat sich die Zusatzformel bewährt: »Ich bin ganz müde« und dazu evtl. noch »ich schlafe ein«. Wenn man diese oder eine ähnliche Formel mehrfach zwischen die einzelnen Übungsformeln einstreut und sich, wenn die Entspannung eingetreten ist, weiter darauf konzentriert, hat man damit eine Methode zum Einschlafen, die den Vorteil hat, daß sie sich nicht abnutzt und man sich nicht im negativen Sinn »daran gewöhnt«, sondern die im Gegenteil immer wirksamer wird. Außerdem braucht man am nächsten Morgen keinen »dicken« Kopf zu befürchten, es gibt keine Leberschäden oder sonstige Nebenwirkungen, und auch in der Schwangerschaft kann das Autogene Training unbedenklich angewandt werden.

Zum Einschlafen wird man im allgemeinen im Bett, und zwar in der oben beschriebenen Haltung, auf dem Rücken liegend, üben. Nun pflegen die meisten Menschen nicht auf dem Rücken, sondern in seitlicher Lage oder auf dem Bauch zu schlafen. Es empfiehlt sich dabei, zunächst vorschriftsmäßig in Rückenlage die autogene Entspannung durchzuführen und sich dann ganz bequem in seine übliche Schlafhaltung zu begeben, man kann auch sagen: zu wälzen oder sich hineinzumogeln.

9. Partnerschaftliches Training

Auch zur Entspannung und Vertiefung einer Partnerschaft kann das Autogene Training hilfreich sein. Das Üben findet dann gemeinsam statt. Einer der Partner spricht die Konzentrationsformeln ruhig und hörbar mit (so wie es im Trainingskurs der Übungsleiter mitunter tut). Es kann stets derselbe Partner sprechen, es kann aber auch abwechselnd geschehen.

Das Gemeinschaftserlebnis kann noch weiter vertieft werden, wenn die Partner, die beim Üben nebeneinander sitzen oder liegen, die einander zugewandten Hände ineinanderlegen. Dies vermittelt ihnen in besonderer Weise das Gefühl der Nähe, der Geborgenheit und auch der Zärtlichkeit.

Es empfiehlt sich, das Autogene Training zunächst einzeln zu erlernen und mit dem Partnerschaftstraining erst zu beginnen, wenn die Entspannungsübungen beherrscht werden. Dann kann das Partnerschaftstraining eine bereits bestehende gute Partnerschaft vertiefen; bei Spannungen und Partnerschaftskonflikten aber kann regelmäßiges gemeinsames Üben im Sinne einer Verhaltenstherapie zur Entspannung und Harmonisierung der Partnerschaft führen.

10. Autogenes Training und Sexualität

Das Selbstbewußtsein und das Befinden des Menschen hängen entscheidend mit seiner sexuellen Leistungsfähigkeit zusammen. Sexuelles Versagen mindert und sexuelle Freude hebt das Lebensgefühl.

Das Autogene Training vermag hierzu einen entscheidenden Beitrag zu leisten.

Die sexuellen Fähigkeiten sind einmal abhängig von der allgemeinen Verfassung des Menschen und zum anderen von Faktoren, die speziell die Sexualsphäre betreffen. Wenn das Befinden und die Kondition des Übenden durch das Autogene Training verbessert werden, wird sich dies auch auf sein Sexualleben auswirken.

Zu den Störungen, über die heute im Sexualbereich geklagt wird, gehören vor allen Dingen Impotenz, Ejaculatio praecox (vorzeitiger Samenerguß), Frigidität und Anorgasmie (Unfähigkeit zum Orgasmus). Es ist bekannt, daß diese Störungen ganz überwiegend psychisch, also seelisch bedingt sind. Oft stehen nervöse Erschöpfung, Leistungsdruck oder Angst vor dem Versagen dahinter. Durch das Autogene Training treten an die Stelle der Nervosität Ruhe und Entspannung, der Leistungsdruck wird durch Gelassenheit und die Angst vor dem Versagen durch Selbstsicherheit überwunden. Hierbei können zusätzliche Vorsatzbildungen, die speziell die Sexualität ansprechen, die Wirkung unterstützen. In der

Behandlung der sexuellen Störungen nimmt deshalb das Autogene Training seit langem einen wichtigen Platz ein.

Um vor falschen Hoffnungen und vor Enttäuschungen zu bewahren, sei hier aber eines ausdrücklich erwähnt: Erfolge im Sexualbereich treten nicht (oder mindestens nur selten) bereits nach wenigen Wochen ein. Erst, wer das Autogene Training wirklich beherrscht – und das ist nach aller Erfahrung erst nach monatelangem regelmäßigem und gewissenhaftem Üben der Fall –, kann damit rechnen, positive Wirkungen zu erfahren.

11. Übungsprotokolle

J. H. Schultz legte großen Wert darauf, daß Übungsprotokolle geführt wurden, und jedem, der besonders gründlich und erfolgreich das Autogene Training erlernen möchte, kann dies nur empfohlen werden. Dazu eignet sich jeder Taschenkalender, in dem die täglichen Übungen kurz notiert werden. Am besten wird jedesmal die Uhrzeit vermerkt und in Stichworten angegeben, welche Wirkungen sich eingestellt haben und was sonst bemerkenswert erschien, zum Beispiel unerwartete Körperempfindungen, Störungen, Fragen. Der Übende hat dann eine gute Selbstkontrolle, die zur Regelmäßigkeit und Gewissenhaftigkeit erzieht; außerdem kann er das Protokoll mit dem Übungsleiter oder mit seinem Arzt durchsprechen und alle auftauchenden Zweifel und Fragen klären lassen.

Was sonst noch wichtig ist

Die Übungssituation

Solange das Autogene Training noch nicht beherrscht wird, sollte man es nicht in Situationen zu üben versuchen, die von Angst, Unruhe und Aufregung geprägt sind. Bei der Atemübung wurde schon darauf hingewiesen, daß der Asthmatiker anfänglich nicht im Anfall, sondern in den ruhigen Zwischenzeiten üben sollte. Das gleiche gilt grundsätzlich für das Üben in den ersten Wochen. Es muß ja etwas ganz Neues erlernt werden, nämlich das bewußte Umschalten vom Spannungszustand des Alltags auf tiefe Entspannung. Das bereitet zunächst einige Mühe und gelingt um so leichter, je weniger Störungen dabei zu überwinden sind. Deshalb sollte nicht nur die Umgebung möglichst ruhig, vielleicht etwas abgedunkelt und angenehm temperiert sein, sondern auch innerlich muß der Übende die richtigen Voraussetzungen mitbringen, und dazu darf er nicht von Angst und Unruhe erfüllt sein und besonders nicht unter Zeitnot stehen. Erst im Laufe der Monate, in denen regelmäßig geübt wurde, wird es dann gelingen, auch Spannungssituationen zu beherrschen, und sie werden schließlich überhaupt nicht mehr mit solcher Heftigkeit Besitz von einem ergreifen können, wenn man einmal durch das Autogene Training in seiner gesamten Lebenshaltung ruhiger und ausgeglichener geworden ist. »Wer es gelernt hat, sich zu lassen, der bleibt gelassen«.

Eine sanfte Methode

Das Autogene Training ist keine kämpferische, sondern eine stille und sanfte Methode, die einfügsam und geduldig geübt werden will. Gegen Störungen oder Mißempfindungen beim Üben gehen wir nie energisch an, sondern geben stets nach und beenden die Übung umgehend. Grundsätzlich wollen wir nichts erzwingen, sondern geschehen lassen, was der Körper anbietet. Wenn sich dabei Körperempfindungen einstellen, die noch nicht »dran« sind oder gar nicht ins Programm gehören, dann lautet unsere Frage: Stören sie oder fördern sie die Entspannung? Wenn statt Schwere ausnahmsweise ein Gefühl der Leichtigkeit, des Schwebens (Levitation) oder »als ob alles zerfließt« auftritt und dies als angenehm und entspannend empfunden wird, dann ist es gut und richtig, und wir fahren mit dem Üben fort; stellen sich aber Unbehagen oder Angst ein, nehmen wir sofort zurück und verschieben das Üben auf später.

Geräusche

Es wurde schon erwähnt, daß laute Geräusche anfangs störend sein können. Der gut Trainierte wird später durch nichts mehr aus der Ruhe zu bringen sein; im Bedarfsfall kann man auch die zusätzliche Formel anwenden: »Geräusche sind ganz gleichgültig«, »Geräusche stören gar nicht« oder auch »Geräusche vertiefen die Entspannung«. Allerdings ist bei den Geräuschen zu beachten, daß sie sich nicht nur durch ihre unterschiedliche Lautstärke (Phon) unterscheiden, sondern auch durch ihre Zielrichtung.

Bekannt ist das Beispiel der Mutter, die zwar an einer geräuschvollen Hauptverkehrsstraße trotz Autolärms ruhig schlafen kann, wenn sie sich an den Verkehrslärm gewöhnt hat, die aber sofort erwacht, wenn ihr Kind nach ihr ruft, obgleich dessen Stimme sehr viel leiser ist als das Donnern der Lastwagen auf der Straße. Selbst im Schlaf und ebenso auch in der tiefen Entspannung vermag der Mensch zu unterscheiden, ob die Geräusche ihn persönlich betreffen oder nicht. Solche Geräusche aber, die den Übenden direkt meinen, werden immer, auch wenn er noch so gut trainiert ist, die Entspannung stören. Die Übungssituation muß deshalb so gewählt werden, daß man vor entsprechenden Störungen möglichst sicher ist.

Das Kind, das einen ruft, die Telefonklingel, die einem persönlich gilt, oder das Klopfen an die Tür, hinter der man sitzt, stören die Übungskonzentration immer, auch dann noch, wenn einen der Preßlufthammer vor dem Fenster oder der Düsenjäger über dem Haus, die einen persönlich ja nichts angehen, nicht mehr aus der Ruhe zu bringen vermögen.

Wird man während des Übens empfindlich gestört, soll man nie versuchen, »mit Gewalt« weiterzuüben, sondern gleich abbrechen. Vorschriftsmäßiges »Zurücknehmen« ist in diesem Falle meist nicht mehr möglich und auch nicht erforderlich; denn durch den plötzlichen Abbruch stellt sich die Muskelspannung von selbst wieder her. Ist die Störung vorüber, beginnt man dann von neuem zu üben.

Konzentrationshilfen

Häufig wird darüber geklagt, wie schwer es doch sei, sich auf die Übungsformeln zu konzentrieren. »Die Gedanken laufen mir immer weg«, heißt es dann, oder: »Es kommen mir immer andere Gedanken in den Sinn«.

Das geht, mindestens bei Übungsbeginn, wohl allen so und ist kein Grund zum Verzagen. Wer behauptet, er könne sich von Anfang an und auf die Dauer voll und ganz nur auf die Formeln konzentrieren, täuscht sich wahrscheinlich selbst. Wir sprachen oben schon von der Schwierigkeit, sich nicht ablenken zu lassen, und gaben den Rat, die durch den Kopf gehenden Gedanken, die sich ja unserer Kontrolle entziehen, nicht zu beachten und sie anzuschauen wie Wolken, die am Himmel vorüberziehen. Ein anderes anschauliches Beispiel erfuhr ich im Fernen Osten, wo man spielende Affen in den Bäumen sehen kann. Ein Guru verglich die im Kopf herumziehenden Gedanken mit tanzenden Affen und sagte seinen Schülern:»Laßt sie tanzen und kümmert euch nicht darum. Sie zu zügeln, würde euch doch nicht gelingen, verschwendet eure Zeit und Kraft nicht damit. Versenkt euch in eure eigenen Tiefen, strebt nach dem All-Einen und entfernt euch von den tanzenden Störenfrieden.«

Eine andere und leicht anzuwendende Hilfe möchte ich hier noch nennen. Wenn es nicht gelingen will, sich beim schweigenden Üben ganz auf die Übungsformeln zu konzentrieren, sollte man einmal versuchen, die Formeln halblaut vor sich hin zu sprechen. Das empfiehlt sich allerdings nur, wenn man alleine übt oder sich mit dem Partner vorher abgesprochen hat. Durch das Hören der eigenen Worte wird ein weiteres Sinnesorgan, das Ohr, mit einbezogen, und die Konzentraion gelingt besser, die störenden Gedanken werden abgedrängt. Das ist dann natürlich eine Abweichung von der Originalanweisung für das Autogene Training, nach der stets schweigend geübt werden sollte. Man braucht das leise Mitsprechen ja auch nicht auf die Dauer beizubehalten. Aber als Einstiegshilfe hat es sich schon bei manchem Übenden bewährt und ihm über die anfänglichen Schwierigkeiten mit der Konzentration hinweggeholfen.

Die Haltung

Man kann nicht grundsätzlich sagen, daß die eine Übungshaltung besser oder schlechter wäre als die andere. Die Angaben auf unseren Fragebögen haben gezeigt, daß etwa 60 Prozent der Übenden die Droschkenkutscherhaltung und 40 Prozent das Liegen oder den Lehnstuhl bevorzugen. Richtig ist die Haltung, die dem einzelnen den besten Übungserfolg bringt. Manchmal führt die Anweisung, bei der Droschkenkutscherhaltung den Kopf seiner eigenen Schwere entsprechend nach vorn sinken zu lassen, dazu, daß Schmerzen im Hals-Nacken-Bereich auftreten. Muskelhärten oder auch Veränderungen an den Halswirbeln können dafür verantwortlich sein. Sind diese Schmerzen nicht spätestens nach zwei- bis dreiwöchigem Üben verschwunden, sollte die Droschkenkutscherhaltung aufgegeben werden und dafür die bequemere Haltung im Lehnstuhl oder im Liegen gewählt werden, bei der der Nacken-Hals-Bereich entlastet ist. Rückenschmerzen in der Droschkenkutscherhaltung, die meist durch Wirbel- und Bandscheibenschäden verursacht sind, können oft schon dadurch behoben werden, daß man den Rücken leicht an der Stuhllehne abstützt.

Andere Übende klagen beim Trainieren in sitzender Haltung manchmal über Schwindelerscheinungen. Meist sind es Menschen mit einem niedrigen Blutdruck, bei denen die vermehrte Durchblutung in den Gliedmaßen zu einer Minderdurchblutung im Kopf führt, die als Schwindel empfunden wird. In diesen Fällen empfiehlt es sich, die Übungen grundsätzlich im Liegen durchzuführen, wobei in der Regel die Schwindelerscheinungen nicht mehr auftreten.

Wegen der gesundheitlichen Fragen, die sich immer wieder ergeben, sollte das Autogene Training möglichst unter ärztlicher Leitung erlernt werden.

Verkürzte Kursdauer

Zum Erlernen des Autogenen Trainings, sei es im Einzelunterricht oder in der Gruppe, steht nicht immer die gewünschte Zeit zur Verfügung. Mancher möchte seinen Aufenthalt in einem Sanatorium oder an einem Kurort, der nur wenige Wochen dauert, dazu benutzen, sich das Autogene Training anzueignen. Und selbst der heute bei vielen Kursen, die nicht unter Zeitdruck stehen, gewählte Abstand von einer Woche zwischen den einzelnen Übungen entspricht nicht der ursprünglichen Vorschrift von *J.H. Schultz,* nach der nur alle 14 Tage eine neue Übung hinzugenommen werden sollte.

Bei einer schnellen Aufeinanderfolge der einzelnen Übungsstunden ist es vielen Teilnehmern nicht möglich, sich in der Zeit von wenigen Tagen jeweils eine neue Übung wirklich anzueignen. In diesen Fällen ist es dann erforderlich, das im Kurs Vermittelte zu Hause selbständig aufzuarbeiten. Dabei kann man das Tempo des Erwerbs der einzelnen Übungen selbst bestimmen. So ist es möglich, etwa die ersten vier Wochen allein der Schwere- und der Wärmeübung zu widmen und anschließend erst weitere Übungen dazuzunehmen. Jeder neuen Übung kann man dann wieder so viel Zeit widmen, wie es den persönlichen Fortschritten entspricht. In den dicht aufeinanderfolgenden ärztlich geleiteten Übungsstunden wird jede der sechs Übungen gründlich durchgesprochen und dann unter Mitsprechen des Übungsleiters auch schon geübt. Die dabei erfolgende Fremdunterstützung ist erforderlich, weil es nicht so schnell gelingt, selbständig die Übungen zu erwerben. Zwar ist es in diesem Augenblick dann kein reines *autogenes* Training. Die gewünschten Körpererlebnisse stellen sich beim Mitsprechen der Formeln durch den Leiter aber schneller ein, und der Übende kennt für sein eigenes Üben daheim dann bereits das Erlebnis, das es zu erarbeiten gilt. Kommt er bei seinem eigenen Aufarbeiten daheim zu einer neuen Übung, wird er sich des im Kurs Erlebten entsinnen, und außerdem gibt ihm die schriftliche Übungsanleitung die Möglichkeit, sich erneut zu orientieren. In der Computersprache könnte man auch sagen, im Kurs werden die einzelnen Übungsvorgänge eingespeichert und beim häuslichen Aufarbeiten des Kurses dann je nach Bedarf abgerufen.

Dieses nachträgliche Aufarbeiten eines (zu) schnell ablaufenden Übungskurses ist gewiß nicht die ideale Methode. Da aber bei einem Kur- oder Erholungsaufenthalt häufig keine längere Zeit zur Verfügung steht und andererseits die Voraussetzungen zum Erwerben des Autogenen Trai- nings gerade in der entspannten Kurortsituation besonders günstig sind, kann man dieses Vorgehen durchaus empfehlen. Viele Kurgäste haben sich in dem Heilbad, in dem der Verfasser tätig ist, in den vergangenen Jah- ren auf diese Weise in Kursen von 2 bis 3 Wochen Dauer die Grundlagen des Autogenen Trainings mit gutem Erfolg angeeignet.

Medikamente absetzen?

Die Einnahme mancher Medikamente kann durch das Autogene Training überflüssig werden. Das gilt besonders für die große Zahl der sogenannten Psychopharmaka, der Beruhigungs-, Ausgleichs- und Schlafmittel. Auf keinen Fall sollten Medikamente aber plötzlich abgesetzt werden, wenn man mit dem Autogenen Training beginnt. Vielmehr ist es richtig, die Mit- tel, an die man bislang gewöhnt war, zunächst auch weiter zu nehmen und sich erst ganz allmählich davon abzulösen, sich »auszuschleichen«. Das bedeutet in der Praxis, daß man etwa statt der zwei Tabletten, die bisher genommen wurden, zunächst nur noch eine nimmt, später nur noch eine halbe, dann eine viertel und schließlich ganz mit dem Einnehmen aufhört. Im Zweifelsfall bitte den Arzt fragen!

Autogenes Training und Hypnose

Das Autogene Training ist aus der ärztlichen Hypnose hervorgegangen; man hat es auch die jüngere Schwester oder die Tochter der Hypnose genannt. Bei seinen vielen Hypnosebehandlungen stellte *J. H. Schultz* fest, daß von den Patienten immer wieder deutliches Schwere- und Wärme- gefühl in den Gliedmaßen ebenso wie eine Beruhigung von Herzschlag und Atmung angegeben wurden. Offenbar waren diese körperlichen Emp- findungen zwangsläufig mit dem Entspannungszustand in der Hypnose verbunden. Entsprechende Versuche ergaben dann bald, daß es über die Suggestion dieser Körperempfindungen allein gelang, den schlafähnlichen Ruhezustand, der die Hypnose charakterisiert, herzustellen, und weiter zeigte es sich, daß dies nicht nur durch einen Arzt, also durch Fremdbeein- flussung, sondern auch durch den Patienten selbst geschehen konnte.

Daraus entstanden schließlich die Übungen des Autogenen Trainings, mit denen es möglich ist, aus sich selbst heraus – also autogen – den gleichen Zustand zu erreichen, in den der Arzt seinen Patienten in der Hypnose versetzt. Man hat deshalb das Autogene Training auch als Selbsthypnose bezeichnet.

Der Gedanke, hypnotisiert zu werden, ist manchem unsympathisch. Diese Abneigung erwächst aus dem Gefühl, man könnte in der Hypnose zum wehrlosen Opfer dessen werden, der einen hypnotisiert. Dazu ist zunächst zu sagen, daß die ärztliche Hypnose eine seriöse Behandlungsmethode ist und nicht mit Hypnosen, die Laien oder Scharlatane durchführen, verglichen werden darf. Außerdem aber ist ja bei der Selbsthypnose des Autogenen Trainings kein anderer beteiligt, sondern man ist mit sich selbst ganz allein, und so wird die Befürchtung gegenstandslos, derjenige, der einen hypnotisiert, könnte einen in irgendeiner Form mißbrauchen; »derjenige« ist man in diesem Falle ja nur selbst. Übrigens gibt es eine ganz einfache Methode, sich gegen ungewolltes Hypnotisiert-werden mit Sicherheit zu schützen: Man braucht nur zu lachen, und damit wird jede Hypnose unmöglich gemacht, die durch einen anderen ebenso wie die autogene!

Einbildung oder Wirklichkeit?

Gelegentlich hört man den Einwand: »Das Autogene Training ist nichts für mich, ich bilde mir doch nichts ein«; und »Das Autogene Training ist doch bloß Einbildung.« Die gleichen Leute, die so argumentieren, nehmen lieber Schlaf- oder Beruhigungstabletten, weil sie damit eine Wirklichkeit in der Hand zu haben meinen, während sie der Einbildung mißtrauen oder sie vielleicht als lächerlich und eines erwachsenen Menschen unwürdig erachten.

Die Selbsthypnose oder auch Autosuggestion des Autogenen Trainings mag, wer will, als Einbildung bezeichnen. Keiner aber kann bestreiten, daß es sich dabei um außerordentlich wirkungsvolle »Einbildungen« handelt; das haben jahrzehntelange Erfahrungen überzeugend bewiesen. Wenn »Wirklichkeit« bedeutet, daß etwas wirksam ist, dann ist das Autogene Training zweifellos eine Wirklichkeit. Und wenn ich einschlafen will und zwischen der Wirklichkeit oder Wirksamkeit des Autogenen Trainings und einer Tablette, die diesen Schlaf herbeiführt, zu wählen habe, dann ziehe ich mir die autogene Methode vor, die mich von Tabletten mit allen ihren chemischen Wirkungen und Nebenwirkungen unabhängig macht.

Niemand sollte sich dadurch verunsichern lassen, daß Autogenes Training »nur Einbildung« sei. Und wen das Wort »Einbildung« stört, der kann statt dessen »Konzentration« oder »innere Einstellung« sagen.

Neuere wissenschaftliche Untersuchungen haben ergeben, daß die Überzeugung, der Glaube oder eben: die Einbildung, daß etwas wirkt, allein schon diese Wirkung hervorrufen können. Bei den sogenannten Placebo-Untersuchungen wurden Schlaf- oder Schmerztabletten verabreicht, die nach Aussehen und Geschmack genau den »echten« Tabletten glichen, aber tatsächlich keinerlei Wirkstoff enthielten. Trotzdem zeigten diese Tabletten bei denen, die sie in der Überzeugung einnahmen, daß es die richtigen Tabletten seien, in vielen Fällen die gleiche Wirkung wie die tatsächlich echten Tabletten.

Sich etwas »einbilden« zu können, ist ein spezifisch menschliches Vermögen, das es bei den Tieren kaum gibt, und wir brauchen uns dieses menschlichen Zuges nicht zu schämen.

Die Wirkungen, die damit erzielt werden, sind so überzeugend, angefangen von der meßbaren Erhöhung der Hauttemperatur oder der Verminderung des Pulsschlages bis hin zum besseren Einschlafen oder der Behebung von Spannungen und Verkrampfungen und all den Möglichkeiten, die die Selbstentspannung darüber hinaus noch zu leisten vermag, daß es wenig andere Methoden gibt, die das Befinden des Menschen so wirksam im positiven Sinne zu beeinflussen vermögen wie das Autogene Training.

Yoga und Autogenes Training

In den letzten Jahren sind auch bei uns viele »Yogaschulen« entstanden, und oft wird die Frage gestellt, wie sich das Autogene Training zum Yoga verhielte.

Dazu muß zunächst auf die Entstehungsgeschichte hingewiesen werden. Yoga ist eine jahrhundertealte Methode, die in einem uns fremden Kulturkreis gewachsen ist und von Menschen entwickelt wurde, deren kontemplative Lebensart sich deutlich von der aktiven Lebensauffassung des Mitteleuropäers unterscheidet. Das Autogene Training dagegen ist in unserer Zeit und in unserem Kulturkreis entstanden und von vornherein auf die Bedürfnisse der Menschen hier und heute abgestellt.

Zweifellos gibt es Parallelen zwischen Yoga und Autogenem Training. Die Konzentration spielt bei beiden Methoden eine große Rolle, und wir finden beim Yoga wie beim Autogenen Training Veränderungen im körperlichen wie im seelischen Bereich, die sich durchaus entsprechen. Andererseits bestehen aber deutliche Unterschiede; beim Yoga spielen neben der Konzentration die Kontemplation und die Meditation eine zentrale Rolle, und als das Ziel des klassischen Yoga gilt es, »das individuelle Selbst (Atman) mit dem universellen Selbst (Brahman) in dem überbewußten Zustand zu vereinigen, der als Samathi bekannt ist. Im Samathi gibt es nur reines Sein.« Aus diesem etwas schwer verständlichen Satz wird deutlich, daß sich Yoga ein höheres Ziel gesetzt hat, das zu erreichen auch wesentlich mühsamer ist als das, was Autogenes Training leisten will und kann. Der autogen Trainierende kann Erholung und Beruhigung, Selbstkritik und Leistungssteigerung erreichen, aber nicht in den transzendentalen Bereich menschlicher Existenz vorstoßen, wie es das Ziel des Yogi ist. Der Yogi sucht die Erleuchtung, diese führt ihn zur Erkenntnis von der Nichtigkeit allen Seins und des eigenen Ich. Er strebt darum nach dem Eingehen ins Nirwana, in dem er sich auflöst wie ein Wassertropfen im Meer. Das Autogene Training will die Stärkung des Ich im Diesseits, der Yoga will die Auflösung des Ich im Jenseits.

Der bei uns meistens praktizierte Yoga ist allerdings weitgehend auf seinen körperbetonten Teil reduziert,»er entspannt, verjüngt, kräftigt, festigt und reguliert die Funktionen des Körpers, er gibt Energie und verschönt«, sagt die bekannte kanadische Yoga-Lehrerin *Kareen Zebroff* – und damit ist er dem Autogenen Training nähergekommen als der ursprüngliche Yoga Indiens.

Autogenes Training und christlicher Glaube

Das Autogene Training wird von überzeugten Christen mitunter verdächtigt, es könnte zum Glaubensersatz werden. Dem gegenüber hat bereits *J. H. Schultz* ganz klar gesagt, daß das Autogene Training dies nicht wolle und auch nicht könne. Es sei eine ganz und gar diesseitige Methode zur körperlichen und geistigen Entspannung, die weder die Erlösung noch das ewige Leben anstrebe, ebenso wenig wie das Autogene Training das Gebet ersetzen könne. Aber als Hilfe und Vorbereitung zum Beten kann es nützlich sein.

Stille und Sammlung sind es, die der Beter braucht und zu denen ihm das Autogene Training verhelfen kann. Wer sich mit dem Autogenen Training auf das Gebet vorbereiten will, sollte seine Übung in der üblichen Weise beginnen, dann aber nicht bis zur tiefen Entspannung fortsetzen. Beten erfordert geistig-seelische Aktivität, wir müssen dabei innerlich wach sein. Mit dem Zustand des »eingeschränkten Wachbewußtseins« in der tiefen autogenen Entspannung ist dies nicht vereinbar. Man geht deshalb so vor, daß man – sobald sich beim Üben Ruhe und Entspannung einzustellen beginnen – sich nicht weiter der Entspannung hingibt, sondern die Gedanken bewußt auf das Gebet lenkt. Gleichzeitig faltet man die Hände, um damit auch dem Körper ein Signal zu geben, daß die Übung nicht bis zur tiefen Entspannung fortgesetzt wird, sondern jetzt in das Gebet übergeht. Der Gläubige wird dabei an das Jesuswort denken:»Ich will Euch Ruhe geben«, und der Übergang vom Autogenen Training in das Gebet wird ihm zwanglos möglich sein.

Das persönliche Training

Die Übungen des Autogenen Trainings sollten zunächst immer in der hier geschilderten Form erlernt werden. Später aber wird der Übende diese oder jene Kleinigkeit abändern, und letztlich hat dann jeder sein ganz persönliches Training. Das ist nicht anders als mit unserer Handschrift. In der Schule haben wir zunächst alle die gleichen Buchstaben in der gleichen Weise schreiben gelernt, und wenn wir unsere Schriften als Erwachsene vergleichen, sehen wir, wie groß die Unterschiede sind und wie jeder im Laufe der Jahre aus der »Schönschrift« des Grundschülers seine persönliche Schrift entwickelt hat. Wollte man aber bereits dem Schulanfänger sagen, er könne ruhig seine ganz persönliche Schrift schreiben, würde dabei sicherlich nichts Gutes herauskommen. Ebenso verhält es sich beim Autogenen Training. Man muß die Übungen zunächst schulgerecht erlernen, um eine solide Grundlage zu haben, auf der sich dann auch persönliche Eigenarten entwickeln können, die die Trainingsübungen für den einzelnen vielleicht noch wirksamer zu machen vermögen. Dies können kleine Veränderungen in der Körperhaltung sein oder auch im Wortlaut der einzelnen Übungsformeln. So könnte das Wort »ganz« durch »vollkommen« oder »angenehm« ersetzt werden, also etwa: »Ich bin vollkommen ruhig« oder: »Mein Arm ist angenehm schwer, angenehm warm« usw.

Individuelle Abänderungen der Körperhaltung können etwa darin bestehen, daß man statt der »Droschkenkutscherhaltung« gerade sitzen bleibt (und nicht im Rücken abknickt) und auch den Kopf aufrecht hält; dies wird als »Königshaltung« bezeichnet, nach der Sitzhaltung der ägyptischen Könige. Andere nehmen auf dem Stuhl eine mehr liegende Haltung ein, wie es heute die jüngeren Leute gerne tun. Vor dem Einschlafen könnte man die autogene Entspannung gleich in der gewohnten individuellen Schlafhaltung – und nicht erst »vorschriftsmäßig« auf dem Rücken liegend – einüben.

Letztlich entscheidend dafür, ob man es richtig oder falsch macht, ist immer der Erfolg. Wenn die Übungen selbst als entspannend und wohltuend empfunden werden und man sich nachher erfrischt und leistungsfähiger fühlt, wenn sich infolge des regelmäßigen Übens im Laufe der Wochen Ausgeglichenheit und Gelassenheit einstellen, wenn der Schlaf besser wird und mancherlei nervöse Störungen verschwinden, dann wird das Autogene Training sicher richtig durchgeführt. Werden diese Wirkungen aber nicht beobachtet und treten vielleicht sogar störende Erscheinungen auf, dann ist die Durchführung der Übungen korrekturbedürftig, und wenn man es selber nicht herausfindet, wo Fehler gemacht werden, wird man mit dem Arzt darüber sprechen müssen.

Die große Übungsgruppe

Man kann das Autogene Training im Einzelunterricht und in kleinen oder auch größeren Gruppen vermitteln. Der Autor dieses Lehrbuches hat umfangreiche Erfahrungen besonders mit großen Gruppen (bis zu über 100 Teilnehmern).

Das Gruppenerlebnis beim Unterricht und beim Üben führt zu eindeutig besseren Ergebnissen als die Einzelunterweisung. Die induzierende Wirkung, die von der Gruppe der autogen Trainierenden ausgeht, fördert jeden einzelnen.

Die meisten Übenden wünschen sich zunächst eine kleinere Gruppe, die nach ihrer Vorstellung nicht mehr als 15 oder 20 Teilnehmer haben sollte. Das ist verständlich; denn eine kleinere Gruppe vermittelt eher das Gefühl der Geborgenheit. Vielfache Erfahrungen haben aber gezeigt, daß auch die größere Gruppe ihre Vorzüge hat. In gewisser Weise kann man die Konzentration und Verinnerlichung während der autogenen Übung mit der Haltung beim Gebet vergleichen. Und wohl keiner fühlt sich gestört, wenn sich eine große Gemeinde mit ihm im Gebet versammelt; im Gegenteil, das Erlebnis der Gemeinsamkeit hilft zur Vertiefung dort des Gebetes – hier der inneren Ruhe und Entspannung. (Um Mißverständnissen vorzubeugen, sei nochmals darauf hingewiesen, daß es für die transzendentale Dimension des Gebetes dagegen im Autogenen Training nichts Vergleichbares gibt.)

Ein weiterer Vorteil der größeren Gruppe besteht darin, daß mehr Fragen gestellt werden. Viele Menschen sind zu schüchtern, um in Anwesenheit anderer Fragen zu stellen, und die Zahl derer, die etwas sagen, ist prozentual etwa immer gleich. Wenn dann in der großen Gruppe 30 Teilnehmer statt nur 3 Teilnehmer in der kleinen Gruppe ihre Fragen stellen, haben auch die Schüchternen die Chance, daß ihre (unausgesprochenen) Fragen mit beantwortet werden.

Wer erst die Scheu vor der großen Gruppe überwunden hat, wird ihre Vorzüge positiv erleben. Die Fragebögen, die wir seit vielen Jahren am Ende jedes Übungskurses ausfüllen lassen, haben ergeben, daß die Übungserfolge in der großen Übungsgruppe in keiner Weise schlechter sind als in der kleinen Gruppe.

Das Lehren und Lernen des Autogenen Trainings ist in großen Gruppen also sehr gut möglich, eine Therapie (Behandlung bestimmter Leiden oder Krankheiten) mit dem Training ist dagegen nur in kleinen Gruppen oder in Einzelbehandlung durchführbar.

Fragen

Einige Fragen, die Übende immer wieder stellen, sollen hier kurz beantwortet werden.

Was soll ich während des Übens mit der Atmung machen?

Antwort:
Alles, was Sie mit der Atmung bewußt machen, ist beim Autogenen Training falsch. Konzentrieren Sie sich auf Ihre jeweilige Übungsformel und lassen Sie die Atmung gehen, wie sie geht. Bei der vierten Übung, der Atem-Übung, wird darüber genauer gesprochen (s. Seite 27).

Ist es besser, mit leerem oder mit vollem Magen zu üben?

Antwort:
Weder – noch; der Mittelweg ist der beste! Ein vor Hunger knurrender Magen ist der Entspannung ebenso abträglich wie eine drückende Fülle. Auch der Magen soll sich während des Übens wohlfühlen.

Was mache ich, wenn es mich beim Üben irgendwo beißt oder juckt?

Antwort:
Häufig läßt sich durch die Konzentration auf den störenden Punkt mit der Vorstellung: »Haut angenehm kühl, Jucken ganz gleichgültig« oder auch »Jucken verschwindet« die Störung beseitigen. Wenn das nicht gelingt, dann sollte man die Mißempfindung nicht zum Problem werden lassen, sondern sie durch kurzes Kratzen aus der Welt schaffen. Die Übung braucht dabei in den meisten Fällen nicht abgebrochen, sondern kann fortgesetzt werden.

Zu welcher Tageszeit übt man am besten?

Antwort:
Wann immer Ihnen der Sinn danach steht, können Sie die Übungen durchführen, gleichgültig, ob das morgens, mittags oder abends ist; entscheidend ist nur, daß sie gelingen. Bald werden Sie herausgefunden haben, wann sich in Ihren Tageslauf die Übungen am besten einfügen lassen. Die richtige Übungszeit gibt es nicht generell, sondern jeder einzelne muß die für ihn besten Übungszeiten herausfinden.

**Was mache ich falsch, wenn bei der Konzentration auf den rechten Arm
der linke Arm zuerst mit Schwere oder Wärme reagiert?**

Antwort:
Sie machen gar nichts falsch. Da die Nervenbahnen beider Arme über das
Rückenmark verbunden sind, kommt es nicht selten vor, daß die konzentrative Einstellung, die dem einen Arm gilt, zunächst in dem Arm der
anderen Seite realisiert wird. Für den endgültigen Übungserfolg ist das
ohne Bedeutung.

**Beim Üben stellt sich nach anfänglicher Schwere und Wärme
bei mir ein Gefühl der Leichtigkeit und des Schwebens ein.
Was hat das zu bedeuten?**

Antwort:
Es ist das sogenannte Levitationserlebnis, das fast in jedem Kurs von eini-
gen Teilnehmern berichtet wird. Die Betreffenden empfinden es stets als
angenehm und möchten es nicht missen. Es ist eine individuelle Eigenart,
daß die Entspannung der Muskulatur, die im allgemeinen als Schwere
empfunden wird, in einzelnen Fällen das Gefühl schwebender Leichtigkeit
vermittelt. Wenn dies als angenehm und entspannend erfahren wird, sind
davon keinerlei Nachteile für die autogene Entspannung zu befürchten.

**Ich schlafe während des Übens oft schon nach kurzer Zeit ein;
was kann ich dagegen tun?**

Antwort:
Entweder, Sie lassen es geschehen und genießen den Schlaf – oder aber,
wenn Sie während des Übens nicht einschlafen möchten, dann nehmen
Sie zurück, sobald Sie merken, daß die Müdigkeit Sie überkommt und sich
der Schlaf einstellen will. Machen Sie Ihre Übungen möglichst dann, wenn
Sie frisch und ausgeschlafen sind, damit sich der Körper daran gewöhnt,
den ganzen Übungsverlauf zu absolvieren. Wenn dies erst einmal eingeübt
ist, gelingt es später meist zu jeder Zeit, den ganzen Übungsverlauf durch-
zuhalten.

**Wird der Atemraum in der Brust bei der Droschkenkutscherhaltung
nicht zu sehr eingeengt?**

Antwort:
Dies wäre der Fall, wenn wir die volle Atemleistung von 4–5 l wie bei
anstrengender Arbeit benötigten. In der entspannten Ruhe aber ist nur ein
Atemvolumen von etwa 1/2 l erforderlich, und das ist auch im Droschken-
kutschersitz voll gewährleistet, so daß sich keinerlei Behinderung der beim
Autogenen Training erforderlichen Atmung ergibt.

Die Oberstufe des Autogenen Trainings

Bislang wurde in diesem Buch die *Unterstufe* des Autogenen Trainings beschrieben, wie sie der Originalmethode von *J. H. Schultz* entspricht. Man nennt sie heute lieber »Grundstufe«, da das Wort »Unter...« für manchen etwas Abwertendes zu haben scheint oder auch den Eindruck erweckt, als müsse noch eine Mittel- und Oberstufe zur Vervollständigung folgen.

Wer heute schlechthin von »Autogenem Training« spricht, meint die Unterstufe. Es handelt sich dabei um eine Übungsmethode der stützenden Psychotherapie, die in sich abgeschlossen ist und grundsätzlich keiner Erweiterung bedarf. Gleichzeitig ist es aber möglich, sie durch die Technik der Oberstufe zu einem analytischen Verfahren auszubauen. Von erfahrenen Autoren wird die Oberstufe des Autogenen Trainings in mancher Hinsicht als einer Psychoanalyse überlegen betrachtet, weil sie bei vielen psychosomatischen Störungen mit geringerem Zeitaufwand Gleiches zu leisten vermag. Das Oberstufentraining erfordert intensive Arbeit und einen engen Kontakt der Übenden untereinander sowie mit dem Übungsleiter. Es wird deshalb nur in kleineren Gruppen von selten mehr als 10 Teilnehmern durchgeführt. Voraussetzung ist die Beherrschung der Unterstufe des Autogenen Trainings. Der Übende soll in der Lage sein, die organismische Umschaltung prompt zu vollziehen und den Entspannungszustand bis zu einer halben Stunde aufrecht zu erhalten, ohne einzuschlafen oder in andere Gedanken abzuschweifen. Dabei kommt es zu einer Einengung des Bewußtseins auf die Wahrnehmung nur der eigenen Leiberlebnisse und zur gesammelten Aufmerksamkeit nach innen, die »wir brauchen, um (ohne einzuschlafen) Wahrnehmungen aus dem Unbewußten registrieren und behalten zu können« *(Rosa)*.

Im Mittelpunkt der Oberstufenübungen steht das Erlebnis von Bildern, die in der tiefen Entspannung aus dem Unbewußten – gesteuert oder ungesteuert, je nach Vorgehen des Übungsleiters – aufsteigen. Sie sind vergleichbar den Traumbildern, deren Bedeutung für die Psychoanalyse bekannt ist. Ergänzt werden sie durch freie Assoziationen. Der Übende erfährt dadurch manches aus seinem Unbewußten, das zu tieferer Selbsterkenntnis oder auch zur Erhellung der Ursachen von neurotischen Fehlhaltungen führen kann. Die Oberstufe ist somit nicht einfach eine Fortsetzung oder eine »höhere Form« der Unterstufe des Autogenen Trainings, sondern sie ist etwas prinzipiell anderes.

Diese Übungen stellen höhere Anforderungen sowohl an den Leiter als auch an die Teilnehmer. Sie sind nur in kleinerem Kreis durchzuführen und werden sehr viel seltener angeboten als die heute so verbreiteten Kurse für die Grundstufe des Autogenen Trainings. Ein Psychotherapeut sollte anwesend sein, mit dem die Bilder besprochen und evtl. zutage tretende Konflikte aufgearbeitet werden können.

Medidation auf der Grundlage des Autogenen Trainings

Einleitung

Mit der Ruhe und Gelassenheit, die das Autogene Training vermittelt, schafft es die besten Voraussetzungen zur Meditation. Es wäre geradezu schade, hat ein Erfahrener gesagt, wenn man diesen Zustand der entspannten Ruhe nicht nutzen wollte, um ihn in die Meditation übergehen zu lassen. Manche bezeichnen das Autogene Training selbst schon als Meditation. Ich möchte es lieber eine Vorstufe zur Meditation nennen. Denn während das Autogene Training einschließlich der Oberstufe eine betont diesseits gerichtete Methode ist, bemühen wir uns in der Meditation darum, unsere irdische und materielle Welt transparent werden zu lassen für Ursprung und Vollendung.

Wenn heute so viele Menschen nach der Meditation fragen, ist das kein Modetrend, sondern Ausdruck eines tiefen Bedürfnisses. In unserer so materialistischen, rationalen und »verkopften« Welt fühlen sie sich zunehmend unbehaglich. Die Menschen wollen nicht glauben, daß dieser unser geschäftiger Alltag schon »alles« sein soll. Das Leben hier ist so laut und bunt und flach, und sie haben eine Ahnung von einem Hintergrund, der stiller, tiefer und wahrhaftiger sein müßte. Sie sehnen sich nach einer anderen Wirklichkeit und fragen nach Wegen, diese zu erfahren. Das heißt nicht, daß sie dem täglichen Leben mit seinen vielerlei Anforderungen entfliehen wollten – wie es die Aussteiger tun –, aber sie begnügen sich nicht mit dem Schein, sondern suchen nach dem Wesen hinter den Erscheinungen. Die Meditation bietet sich ihnen als ein Weg dafür an.

Was ist Meditation?

Meditation ist eine dem Menschen angeborene Eigenschaft. Jeder hat sie von Geburt mitbekommen, aber sie will gepflegt sein. Meditation braucht Muße und Stille, deshalb wurde sie von der Unruhe und dem Erfolgsstreben unserer Zeit verdrängt. In der »Besinnung«, der »Nachdenklichkeit«, der »Andächtigkeit« finden sich noch Überreste davon oder auch neue Ansätze dazu.

Meditation ist notwendig, wir dürfen das Wort in diesem Zusammenhang ganz wörtlich verstehen: Not-wendig – und wer empfände nicht die Not unserer Zeit? Meditation ist die Besinnung auf die Kraft aus der Stille; sie wurde auch als »Herzstück eines modernen Lebens« bezeichnet.

Wie aber kann man das Meditieren heute wieder einüben? Auf diese Frage gibt es die allgemein gültige exakte Antwort nicht. Die Antworten ähneln sich zwar, aber sie gleichen sich nicht. Jeder Autor kann letztlich immer nur von *seinem* Meditationsverständnis berichten, wobei sich das Verständnis und die Technik meistens auf Vorbilder stützen, die aus dem fernöstlichen Kultur- und Religionskreis oder auch aus der abendländisch-christlichen Tradition stammen. Man kann die Meditation unterteilen in eine praktische und eine spirituelle Meditation, wie es *Carrington* tut. Erstere verfolgt ganz praktische Ziele, wie Entspannung, Streßbewältigung und Leistungssteigerung. Als ein typisches Beispiel dafür kann das Autogene Training gelten, das in diesem Buch ausführlich besprochen wurde. Wir wollen uns hier vor allem mit der spirituellen Meditation beschäftigen, die ihren Ursprung in den Religionen hat, wobei es fließende Übergänge von der einen zur anderen Meditationsart gibt.

Zunächst sollen im folgenden einige grundsätzliche Aussagen zur Meditation angeführt werden, die aus verschiedenen Quellen stammen und einerseits die Vielfältigkeit des Meditationsverständnisses aufzeigen, andererseits aber doch alle eine Gemeinsamkeit im Grundsätzlichen erkennen lassen.

Die einzelnen Aussagen sollten für sich gelesen und durchdacht werden:

- Meditation hat keinen Zweck, aber einen Sinn.

- Meditieren heißt: Nichts denken, nichts tun, nichts wollen, nichts erwarten, nur (innerlich) schauen, lauschen und erfahren.

- Durch die Meditation wird die zersplitterte Konzentration von den vielfältigen Objekten abgezogen und nach innen gelenkt.

- Meditation vollzieht sich in den Tiefenschichten der Seele.

- Meditieren heißt einkehren, stille werden, versinken und dabei offen und empfangsbereit bleiben.

- Meditieren heißt sein Selbst überwinden, jedes Streben aufgeben und in der Leere, im Nirwana, aufgehen (buddhistisch).

- Das Ziel der Meditation ist es, durch die Selbsterkenntnis zur Gotterkenntnis zu kommen (christlich).

Ein Meditierender berichtet: In der Stille der Meditation fühle ich mich ganz gelöst, ganz frei von allem Müssen und Sollen, und ich fühle mich geborgen. Ich bin wunsch- und ziellos, bin bereit, gebe mich hin. Durch die Meditation reinige ich mich und schöpfe neue Kraft.

Die Körperhaltung

Zur Meditation gibt es Anleitungen, wie man sich dabei körperlich und geistig verhält, wie, wann und über welche Zeit man meditiert. Manche dieser Anweisungen sind sehr streng, andere sind freier und großzügiger. Strenge und bis ins letzte gehende Vorschriften sind besonders für die fernöstlichen Techniken bekannt. Meditationslehrer vermitteln sie dort ihren Schülern, und es bedarf vieler Jahre, bis diese sie beherrschen. Die Körperhaltung ist genauestens vorgeschrieben; oft ähnelt oder gleicht sie dem Lotossitz. Auch die Art der geistigen Versenkung wird mit großer Genauigkeit festgelegt und vom Meister geprüft. *Siddhartha Gautama,* der etwa 500 v. Chr. lebte, ist zum Symbol der Meditation geworden. Er bekam seine Erleuchtung während des Meditierens unter einem Bo-Baum; seitdem heißt er Buddha, der Erleuchtete. Durch die Erleuchtung kam er zur Erkenntnis der vier edlen Wahrheiten und des achtfachen edlen Pfades, aus denen der Buddhismus hervorging, der zu einer der großen Weltreligionen wurde. Das Vorbild der buddhistischen und anderer fernöstlicher Meditationspraktiken hat bis weit hinein in unser Abendland gewirkt und tut dies in der Gegenwart stärker noch als früher. Während man in vergangenen Jahrhunderten auf die relativ spärlichen Berichte von Forschungsreisenden und Missionaren angewiesen war, wird uns heute durch das Fernsehen Anschauungsunterricht auch aus den entferntesten Ländern täglich frei Haus geliefert. Inzwischen gibt es auch bei uns profilierte Lehrer der aus Japan stammenden buddhistischen Zen-Meditation wie z. B. *Graf Dürckheim* und den Jesuitenpater *Enoymiya-Lassalle.*

Demgegenüber ist die christlich-abendländische Meditation, die vor allem auf die christlichen Mystiker zurückgeht, weitgehend in Vergessenheit geraten. Sie ist verbunden mit Namen wie *Meister Eckehart, Johannes Tauler, Angelus Silesius, Teresa von Avila* und *Ignatius von Loyola,* um nur einige zu nennen. Die weitgehende Unbekanntheit der christlichen Meditationstradition mag es erklären, daß sich das neu erwachte Interesse für die Meditation bei uns überwiegend an den ostasiatischen Praktiken orientiert. Die vielen Yoga-Schulen, die sich inzwischen im Westen etabliert haben, leisteten einen weiteren Beitrag dazu. Wenn heute bei uns Meditationskurse stattfinden, wie sie auch für Laien in Klöstern, von anderen christlichen Institutionen und von den Volkshochschulen in großer Zahl angeboten werden, sieht man die Teilnehmer meist mit verschränkten Beinen auf dem Boden sitzen, nach dem Muster des Za-Zen oder anderer Vorbilder aus dem Osten. Diese Sitzhaltung ist zweifellos sehr geeignet zur Meditation für den, der sie einzunehmen vermag; aber das gelingt nicht jedem, und besonders ältere Menschen haben Schwierigkeiten damit. Sie ist aber für unsere Meditation auch durchaus keine zwingende Voraussetzung.

54

In Indien, dem Ursprungsland der östlichen Meditationsschulen, war der Stuhl als Sitzgelegenheit früher unbekannt. Man saß auf den eigenen Fersen oder mit gekreuzten Beinen auf dem Boden, wie es dort auch heute noch großenteils geschieht. Selbstverständlich meditierte man auch in dieser Haltung. Der auf der Lotosblüte sitzende meditierende Buddha war das Vorbild. Nach ihm wird diese Art des Sitzens als »Lotossitz« bezeichnet. Bei uns pflegt man auf Stühlen zu sitzen, und selbstverständlich können wir auch in *unserer* Sitzhaltung meditieren. Die christliche Meditation fand früher nie im Lotossitz statt. Wer das Autogene Training gelernt hat, weiß, wie er auf einem Stuhl entspannt sitzen und sich konzentrieren kann.

Bei der Vertiefung von Ruhe und Entspannung kann es allerdings zu einer – für das Autogene Training erwünschten – Einengung des Wachbewußtseins kommen. Die Droschenkutscherhaltung fördert dieses Absinken in den Zustand der eingeschränkten Wachheit. Der Meditierende aber sollte wach und aufmerksam sein. Dies gelingt oft besser in der aufrechten Haltung, die im Autogenen Training als »Königshaltung« bekannt ist. Die Stellung der Beine bleibt dabei wie bei der Droschkenkutscherhaltung, der Oberkörper aber wird aufgerichtet, die Wirbelsäule gestreckt, der Kopf nach oben gerichtet und die Hände im Schoß ineinander gelegt. Die Augen können offenbleiben und etwa zwei bis drei Meter nach vorn auf den Boden gerichtet werden. Wer sich mit geschlossenen Augen besser zu konzentrieren vermag, hält sie geschlossen.

Im übrigen kann man auch im Lehnstuhl oder im Liegen meditieren. Das ist allerdings weniger zu empfehlen, weil sich dabei leichter Schläfrigkeit einstellt. Eine andere, bewährte Möglichkeit ist dagegen das langsame, gelöste Umhergehen. Dabei läßt es sich nicht nur gut meditieren; die Muskeltätigkeit wirkt sich auch günstig auf den Kreislauf aus, für den längeres Sitzen immer eine Belastung darstellt. Es empfiehlt sich, etwa nach 15 Min. Meditation im Sitzen 5 Min. im Umhergehen anzuschließen.

Übergang vom Autogenen Training zur Meditation

Meditation vollzieht sich in Stufen. Sie braucht Zeit und ist eine lebenslange Übung, die von uns zwar nicht mit der Intensität buddhistischer Mönche, aber doch regelmäßig und stetig ausgeführt werden sollte, wenn möglich wenigstens 10–20 Min. mehrmals in der Woche. Am Beginn steht die Konzentration, wie wir sie schon im Autogenen Training üben, d.h. kein krampfhaftes Konzentrieren der Aufmerksamkeit, sondern ein Freimachen von allen anderen störenden oder ablenkenden Gedanken und Sinneseindrücken und ein ganz gelassenes Hinwenden einzig zum Inhalt unserer Vorstellung oder zum Ziel unserer Meditation. Während beim

Abb. 6a/b:
Königshaltung seitlich und
von vorn

Abb. 7: Lotossitz

Autogenen Training eine immer weitere Vertiefung von Ruhe und Entspannung angestrebt wird, folgt in der Meditation die zweite Stufe, die Kontemplation, das betrachtende Verweilen, in dem sich die Stille ausbreitet, alle konkreten Vorstellungen zurückweichen und es zu einer weiteren Verinnerlichung der Wahrnehmung kommt. Dazu muß der Übende wach und aufnahmebereit sein. Um diesen Übergang vom Autogenen Training in die Meditation auch körperlich zu vollziehen, empfiehlt es sich – wenn das Autogene Training in der Droschkenkutscherhaltung begonnen wurde – sich nach Eintreten der Entspannung aufzurichten und in die »Königshaltung« überzuwechseln. Die weitere Meditation strebt das Zielerlebnis an, das in den meisten Fällen ein religiöses Erlebnis ist und etwas mit Erleuchtung und Erlösung zu tun hat. Wie weit es auch für den nicht jenseitsgläubigen Menschen möglich ist, entsprechende Ziele in der Meditation zur erreichen, ist eine offene Frage. In jedem Fall ist es ein langer, über Jahre gehender Weg. Wie eingangs kurz erwähnt, ist das Ziel des Christen die Vereinigung mit Gott, für den Buddhisten dagegen die Selbstauflösung und das Eingehen ins Nirwana. *Graf Dürckheim* nennt den Sinn des Meditierens die »Transparenz für die Transzendenz«.

Meditationstechniken

Die Meditation selbst kann als gegenstandslose bzw. übergegenständliche Stille-Meditation geschehen. Die große Schwierigkeit – ganz besonders für den Anfänger, ist dabei, sich der Gedanken zu erwehren, die ihm ständig störend durch den Kopf gehen werden. Beim Autogenen Training gibt es dasselbe Problem; auf S. 40/41 wurde es besprochen.

Ohne ein Objekt geistig tätig zu sein, wie es die gegenstandslose Meditation erfordert, gelingt erst, wenn der Geist in eine »tiefere Bewußtseinslage« eingetreten ist. Als eine Hilfe auf dem Weg dahin bietet sich die Konzentration auf das eigene Atemgeschehen an, für die es genaue Anweisungen gibt.

Eine andere Möglichkeit ist die gegenständliche Meditation; es gibt sie als Bildmeditation, Wortmeditation, Symbolmeditation oder Musikmeditation. Hierbei ist der Übende nicht, wie bei der gegenstandslosen stillen Meditation, völlig auf sich allein gestellt mit der einzigen Aufgabe, sich zurückzunehmen, in sich zu versenken und in keiner Weise aktiv zu sein. Vielmehr ist es dabei die Konzentration auf das zu meditierende Wort oder Bild, die Musik oder das Symbol, die seine Aufmerksamkeit bindet und ihn davor bewahrt, sich mit seinen Gedanken zu beschäftigen und vielleicht sich von ihnen forttragen zu lassen. Zunächst wird der Meditationsgegenstand gedanklich aufgenommen und durchdacht mit dem Ziel, sein Wesen von innen her zu erfassen. Dann tritt das Denken zurück und gibt Raum für das Erleben und Erfahren, das weniger mit dem Kopf als mit dem Herzen geschieht, d. h. intuitiv mit dem ganzen Sein. Wenn *Luther* in seiner Bibelübersetzung in der Weihnachtsgeschichte schreibt: »Maria aber behielt diese Worte und bewegte sie in ihrem Herzen«, dann drückt er damit genau das aus, was wir heute »meditieren« nennen würden im Gegensatz zum nur rationalen Nachdenken.

Der Weg ist das Ziel

Aus dem regelmäßigen Üben kann dann auch die gegenstandslose stille Meditation erwachsen und den Meditierenden bis zum Ziel weiterführen. Die »Erleuchtung« zu erfahren, ist allerdings nur wenigen gegeben. Nicht nur regelmäßiges und ausdauerndes Üben, auch die anlagemäßige Begabung zur Meditation sind dafür ausschlaggebend, wie weit der einzelne in seinem Bemühen zu kommen vermag. Aber das Meditieren erhält seinen Sinn nicht erst durch das Erreichen eines fernen Zieles, vielmehr gilt, was ein bedeutender Meditationslehrer einmal sagte: »Der Weg ist das Ziel«.

Vom Autogenen Training wissen wir, daß seine Wirkung, die zunächst während der Übung selbst und unmittelbar danach empfunden wird, durch regelmäßiges Üben später auch darüber hinaus bestehen bleibt. Das Gleiche gilt in vermehrtem Maße von der Meditation, die schließlich zu einem meditativen Lebensstil führt.

Meditatives Leben kann für uns Europäer nicht bedeuten, daß wir still und ständig meditierend der Welt gegenüberstehen, sondern daß wir mitten in ihr stehend, uns ihrem Druck und ihren Forderungen gewachsen fühlen, weil wir uns verbunden wissen mit einer Mitte, die uns Kraft und Hoffnung gibt. Meditativ leben heißt bewußt leben und bewußt (nicht gedankenlos!) handeln.

Wer sich genauer über die Meditation informieren möchte, findet dafür ein umfangreiches Literaturangebot. Ebenso ist zur Teilnahme an einführenden Kursen heute vielfach Gelegenheit gegeben. Diese kurze Abhandlung hier sollte nur ein Hinweis sein, daß das Autogene Training eine gute Grundlage zur Meditation darstellt, und sie möchte als Anregung und Ermutigung dienen.

Literatur und Schallplatten

Das vorliegende Buch ist eine Hilfe zum Erlernen des Autogenen Trainings. Es kann die persönliche Unterweisung nicht ersetzen. Aber wie der Schüler seine Schulbücher braucht, um das im Unterricht Gelernte nachzulesen und zu vertiefen, so braucht der Übende für das Autogene Training sein Lehrbuch. Es wurde knapp gehalten und beschränkt sich auf das Wesentliche.

Wer gern mehr über das Autogene Training und die damit zusammenhängenden Fragen wissen möchte, sei auf die vielen Bücher verwiesen, die zu diesem Thema in den letzten Jahren erschienen sind und durch jede Buchhandlung bezogen werden können. Erwähnt sei hier nur das Standardwerk von *J. H. Schultz* »Das autogene Training, Versuch einer klinisch-praktischen Darstellung« aus dem Thieme-Verlag Stuttgart, das auf 400 Seiten alle einschlägigen Fragen sehr gründlich behandelt. Es erschien im Jahre 1932, hat inzwischen viele Neuauflagen erfahren und wurde in alle großen Weltsprachen übersetzt. Weitere empfehlenswerte Literatur nennt das Verzeichnis am Ende dieses Buches.

Auch Schallplatten sind in größerer Zahl auf dem Markt, die Übungen zur Selbstentspannung vermitteln wollen und dies mehr oder minder phantasiereich tun. Darunter befindet sich nur eine Schallplatte, die *J. H. Schultz* persönlich autorisiert hat.

Das Besondere dieser Platte besteht darin, daß der Text, den es übrigens auch auf Tonband gibt, *vor* dem Üben abgehört werden muß und so den Trainierenden davor bewahrt, sich an das Übern mit der Platte zu gewöhnen und dadurch abhängig zu bleiben, statt selbständig (autogen) zu werden.

Literaturverzeichnis

Eine Auswahl empfehlenswerter Bücher

Binder, H.: Seminar über Gruppenpsychotherapie mit dem Autogenen Training und Einführung in die Hypnose, 3. Auflage. Lehmanns, München 1971.

– : Autogene-Training-Supervision. Hamburg 1979 (Eigenverlag)

Carrington, P.: Das große Buch der Meditation. Scherz/Barth, München 1983

Eberlein, G.: Gesundheit durch Autogenes Training. Rowohlt, Reinbek 1973

Enomiya-Lassalle, H.M.: Zen-Meditation für Christen, 5. Auflage. Scherz/Barth, München 1983

Graf Dürckheim, K.: Zen und Wir, 2. Auflage. Barth, München 1973

Hoffmann, B.: Handbuch des Autogenen Trainings, dtv, München 1977

Kleinsorge, H.: Selbstentspannung. Trainingsheft für das Autogene Training. G. Fischer, Stuttgart 1978

Kraft, H.: Autogenes Training. Methodik und Didaktik. Hippokrates, Stuttgart 1982

Krapf, G.: Autogenes Training aus der Praxis. Ein Gruppenkurs, 3. Auflage. Springer, Berlin 1980

Kruse, W.: Entspannung. Autogenes Training für Kinder. Deutscher Ärzteverlag, Köln 1975

– : Einführung in das Autogene Training mit Kindern, 4. Auflage. Deutscher Ärzteverlag, Köln 1984

Langen, D. (Hrsg.): Der Weg des Autogenen Trainings. Steinkopff. Darmstadt 1968

Lindemann, H.: Überleben im Streß, Autogenes Training. Mosaik, München 1975

– : Allein über den Ozean, 3. Auflage. Edition Maritim, Hamburg 1985

Lotz, J.: Einführung in die christliche Meditation. Kyrios, Freising 1985

Rosa, K.R.: Das ist Autogenes Training. Kindler, München 1973

– : Das ist die Oberstufe des Autogenen Trainings. Fischer Taschenbuchverlag, Frankfurt

Schultz, J.H.: Das Autogene Training, 20. Auflage. Thieme, Stuttgart 1983

– : Übungsheft für das Autogene Training, 20. Auflage. Thieme, Stuttgart 1983

Seifert, Th./Waiblinger, A. (Hrsg.): Therapie und Selbsterfahrung. Kreuz-Verlag, Stuttgart 1986

Steinfeld, L.: Autogene Meditation, 2. Auflage. Patmos, Düsseldorf 1980

Thomas, K.: Praxis der Selbsthypnose des Autogenen Trainings, 6. Auflage. Thieme, Stuttgart 1983

60

Sachverzeichnis